云冈石窟窟前遗址
考古发掘报告㈣

云 冈 研 究 院
山西省考古研究院 编著
大 同 市 博 物 馆

文物出版社

Report on the Archaeological Excavation of the Pre-Cave Site of Yungang Grottoes (IV)

Yungang Academy

Shanxi Provincial Institute of Archaeology

Datong Municipal Museum

Cultural Relics Press

彩版目录

1.1992年考古发掘前的第14～20窟（由西向东）

2.20世纪20年代的第20窟前（由南向北，采自山本写真场：《震旦旧迹图汇　云冈石窟》，东京青山，1924年）

3.1940年第14～20窟前的探沟发掘（由东向西）

彩版二八三　第14～20窟考古发掘前

1.20 世纪 40 年代的考古发掘（由南向北）　　　　2.1963～1964 年第 16～20 窟前的绿化活动（由东向西）

3.1991 年第 20 窟清理工程现场（由南向北）

彩版二八四　第 14～20 窟考古发掘前

1.1992T501 ～ T101、1992T502 ～ T102
（由北向南）

2.1992T103、T104、T105（由北向南）

彩版二八五　第 14 ～ 20 窟前发掘探方

1.1992T108（由北向南）

2.1992T101～102、1992T201～202（由西南向东北）

彩版二八六　第 14～20 窟前发掘探方

1. 发掘区域西部第 19 ～ 20 窟（由北向南）

2. 发掘区域东部第 14 ～ 16 窟（由北向南）

彩版二八七　第 14 ～ 20 窟前发掘探方

1.1992T505 西壁黑土层与红烧土层（由东向西）

2.1992T506 红烧土中的瓦片（由西向东）

彩版二八八　第 14 ～ 20 窟前遗址红烧土层

1.1992T509 红烧土层（由南向北）

2.1992T601 西壁黑土层与红烧土层（由东向西）

彩版二八九　第 14 ～ 20 窟前遗址红烧土层

1.1992T201 北壁与东壁（由西南向东北）

2.1992T101 东壁（由西向东）

彩版二九〇　第 14 ～ 20 窟前遗址地层

2. 第 15 窟前柱洞（1992T522，由南向北）

1. 第 15 窟前柱洞（1992T523，由南向北）

4. 第 17 窟前沟槽与柱洞（1992T517，由南向北）

3. 第 16-1、16 窟前柱洞（1992T521，由南向北）

彩版二九一　第 14 ～ 20 窟前北魏时期柱洞与沟槽

1. 第 17 窟前东侧柱洞 D19（1992T518，由南向北）

2. 第 17 窟前东侧柱洞 D20、D21（1992T518，由南向北）

3. 第 18 窟前东侧柱洞（1992T514，由南向北）

4. 第 18 窟前柱洞（1992T413，由南向北）

5. 第 18 窟前柱洞（1992T415，由南向北）

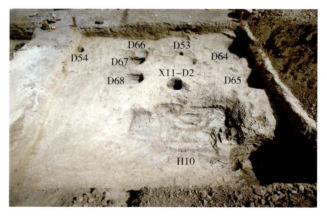

6. 第 18 窟前柱洞（1992T414，由南向北）

彩版二九二　第 14 ～ 20 窟前北魏时期柱洞

1.1992T522 窟前地面

2.1992T508 窟前地面

3.1992T508 窟前地面 1

4.1992T508 窟前地面 2

彩版二九三　第 14 ～ 20 窟前北魏时期平整地面凿痕

1.1940年考古发掘的墙体

2. 修复后的包石台基（由西向东，2018年摄）

3.1992年发掘前的包石台基（由南向北）

4.1992年发掘前的包石台基东侧墙体（由东向西）

彩版二九四　第20窟前北魏时期包石台基

1. 发掘后修整的包石台基西侧墙体（由南向北）

2. 发掘前的包石台基东侧墙体（由东向西）

彩版二九五　第 20 窟前北魏时期包石台基

1. 包石台基东侧墙体（由南向北）

2. 中央台阶西侧象眼的"磕绊"

3. 包石台基西侧南北向墙体

彩版二九六　第 20 窟前北魏时期包石台基

1. 第 19 窟西侧包石台基（1992T601 副方，由南向北）

2. 第 19 窟东侧包石台基（1992T602 副方，由南向北）

3. 包石台基压在红烧土之下（由南向北）

彩版二九七　第 19、20 窟前北魏时期包石台基

1. 中央台阶（由西向东）

2. 中央台阶（由南向北）

彩版二九八　第 20 窟前北魏时期中央台阶

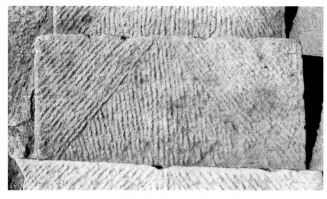

1.a 式踏跺平面站脚纹样

2.a 式踏跺平面站脚纹样

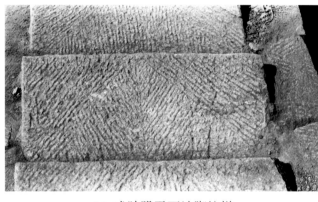

3.b 式踏跺平面站脚纹样

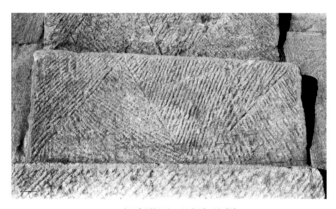

4.c 式踏跺平面站脚纹样

5.d 式踏跺平面站脚纹样

6. 御道雕刻

彩版二九九　第 20 窟前北魏时期中央台阶踏跺平面站脚纹样及御道雕刻

1. 第 20 窟前西侧台阶（1992T501、T502，由南向北）

2.1991 年工程清理的西侧台阶（由东南向西北）

3. 西侧台阶拆除后的包石台基西侧（由南向北）

4. 清理后的西侧台阶（由东向西）

彩版三○○　第 20 窟前北魏时期包石台基西侧与西侧台阶

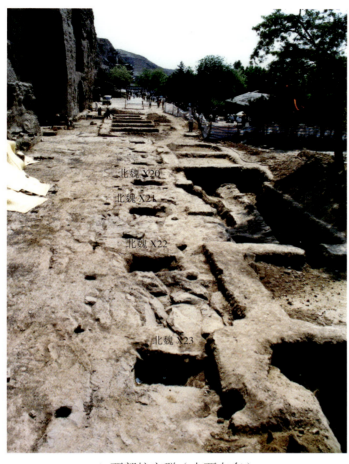

1. 西部柱穴群（由西向东）

2. 第 14、15、16-1 窟前东部柱穴与柱洞（由北向南）

彩版三〇一　第 14 ～ 20 窟北魏时期窟前建筑柱穴

1. 第 19 窟前柱穴（由西向东）

2.X1（1992T425，由北向南）

彩版三〇二　第 14～20 窟北魏时期窟前建筑柱穴

1.X2（1992T424，由北向南）

2.X3（1992T423，由北向南）

3.X4（1992T422，由南向北）

彩版三〇三　　第 14 ～ 20 窟北魏时期窟前建筑柱穴

1.X5（1992T421，由北向南）

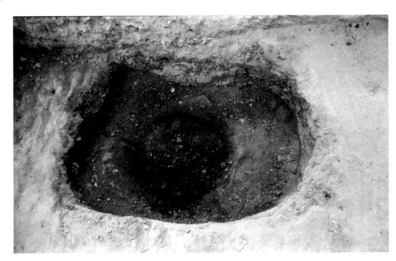

2.X5（1992T421，由东向西）

3.X7（1992T419，由北向南）

彩版三〇四　第 14～20 窟北魏时期窟前建筑柱穴

1.X6（1992T420，由北向南）

2.X8、X9 的柱洞
（1992T417，由北向南）

3.X9（1992T416 由南向北）

彩版三〇五　第 14 ～ 20 窟北魏时期窟前建筑柱穴

1.X10（1992T415，由南向北）

2.X11（1992T414，由南向北）

3.X12（1992T413，由南向北）

彩版三〇六　第 14 ～ 20 窟北魏时期窟前建筑柱穴

1. X13（1992T412，由南向北）

2. X13（1992T412，由西向东）

彩版三〇七　第 14 ～ 20 窟北魏时期窟前建筑柱穴

1.X14（1992T411，由南向北）

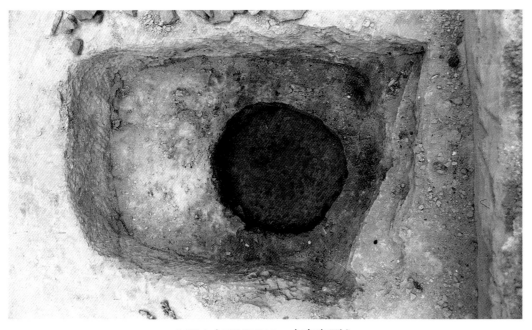

2.X14（1992T411，由东向西）

彩版三〇八　第 14 ～ 20 窟北魏时期窟前建筑柱穴

1.X15（1992T410，由南向北）

2.X15（1992T410，由东向西）

3.X15 底部（1992T410，由东向西）

彩版三〇九　第 14 ～ 20 窟北魏时期窟前建筑柱穴

1. 第 19 窟前 X15 与 X15A（1992T410、T602，由南向北）

2. 第 19 窟前 X15A（1992T602，由东向西）

3. X16（1992T409，由南向北）

4. X16（1992T409，由北向南）

彩版三一〇　第 14 ～ 20 窟北魏时期窟前建筑柱穴

1.X17（1992T408，由南向北）

2.X18（1992T407，由南向北）

彩版三一一　第 14 ～ 20 窟北魏时期窟前建筑柱穴

1.X19（1992T406，由南向北）

2.X20（1992T404，由东向西）

3.X20、X21柱洞（1992T404，由北向南）

彩版三一二　第 14 ～ 20 窟北魏时期窟前建筑柱穴

1.X21、X22 柱洞（1992T403，由南向北）

2.X21（1992T403、T404，由东向西）

3.X22（1992T402，由西向东）

彩版三一三　第 14 ～ 20 窟北魏时期窟前建筑柱穴

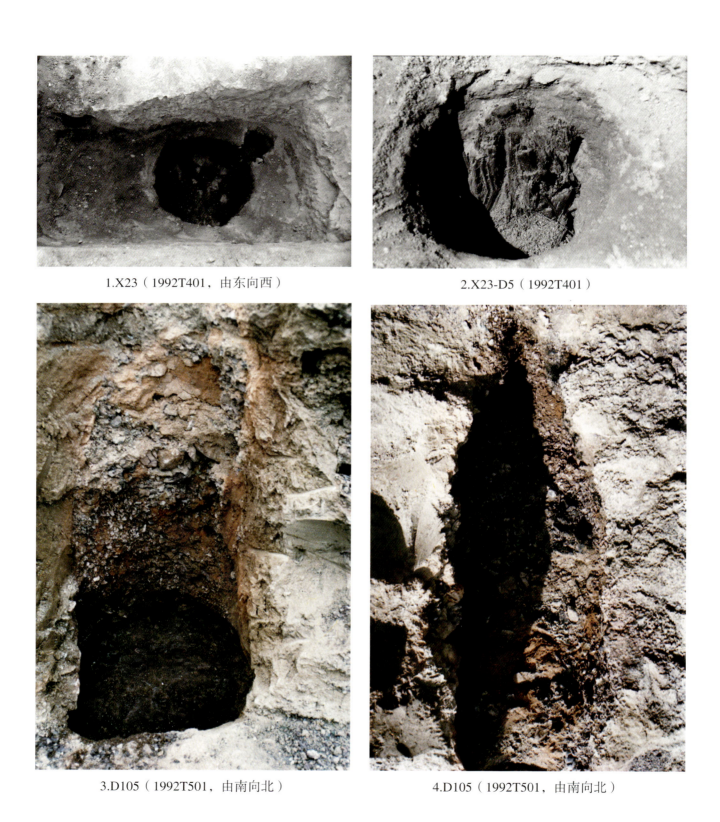

1.X23（1992T401，由东向西）

2.X23-D5（1992T401）

3.D105（1992T501，由南向北）

4.D105（1992T501，由南向北）

彩版三一四　第 14 ～ 20 窟北魏时期窟前建筑柱穴、柱洞

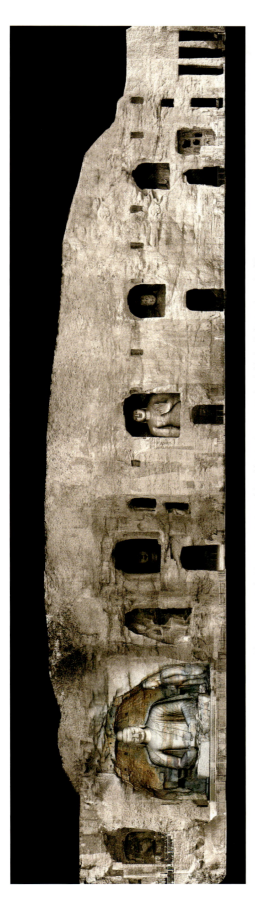

1. 第 14 ～ 20 窟外立壁梁孔正射影像图（云冈研究院数字化保护中心提供）

2. 外立壁梁孔全景（由南向北，张海雁摄，2015 年）

彩版三一五　第 14 ～ 20 窟外立壁窟前建筑梁孔

3.北魏 L1（由南向北）

1.第 14 窟东侧柱洞（由北向南）

2.北魏 L1 ～ L4（由南向北）

彩版三一六　第 14 ～ 20 窟前北魏时期窟前建筑柱洞、外立壁梁孔

1. 第 16 窟外立壁 北魏 L1 ～ L5（由南向北）

2. 第 16 窟明窗底部

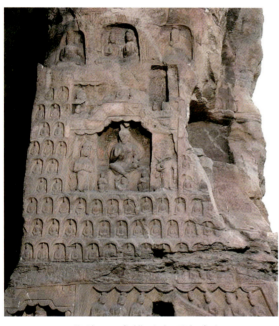

3. 北魏 L3 东槽（由西向东）

4. 北魏 L3 西槽（由东向西）

5. 北魏 L2（由南向北）

6. 北魏 L4（由南向北）

7. 北魏 L4 雕像（由南向北）

彩版三一七　第 14 ～ 20 窟外立壁北魏时期窟前建筑梁孔、梁槽

1. 第 17 窟外立壁北魏 L4 ～ L8（由南向北）

2. 北魏 L5（由南向北）

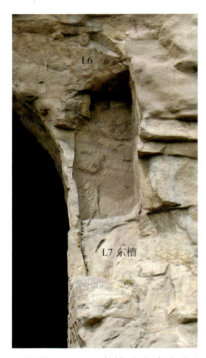

3. 北魏 L6、L7 东槽（由南向北）

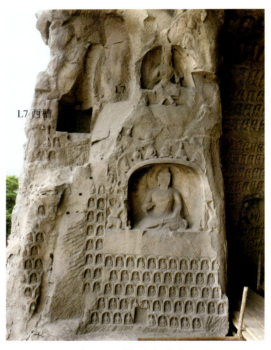

4. 北魏 L7 西槽（由东向西）

5. 北魏 L7 西槽（由南向北）

6. 第 17 窟明窗底部

彩版三一八　第 14 ～ 20 窟外立壁北魏时期窟前建筑梁孔、梁槽

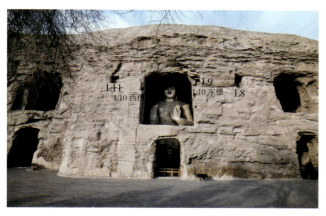

1. 第18窟外立壁 北魏 L8～L11（由南向北）

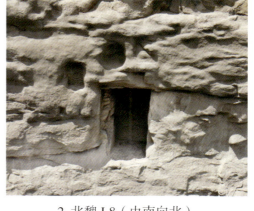

2. 北魏 L8（由南向北）

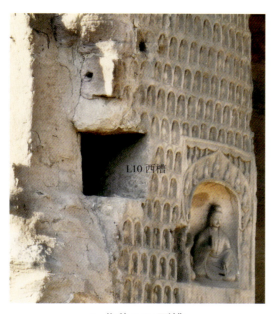

3. 北魏 L10 西槽

4. 北魏 L10 东槽

5. 北魏 L9（由南向北）

6. 第18窟明窗底部

彩版三一九　第14～20窟外立壁北魏时期窟前建筑梁孔、梁槽

1. 北魏 L11（由南向北）

2. 北魏 L11（由南向北）

3. 包石基岩墙与基岩地面（由西向东）

4. 包石基岩墙

（1992T303～T305，由西向东）

彩版三二〇　第 14 ～ 20 窟前北魏时期遗迹

1. 包石基岩墙（1992T303，由南向北）

2. 包石基岩墙（1992T303，由西向东）

3. 包石基岩墙（1992T306，由南向北）

彩版三二一　第 14 ～ 20 窟前北魏时期包石基岩墙

1. 红烧土层中的板瓦（1992T506，由东向西）

2.1992T505 出土的彩绘墙皮

3.1992T502 出土的彩绘墙皮

彩版三二二　第 14 ～ 20 窟前建筑出土北魏时期瓦件、彩绘墙皮

1.1992T506 ④ A：3

2.1992 窟前采：1122

3.1992 窟前采：1123

4.1992 窟前采：1124

5.1992 窟前采：1125

6.1992 窟前采：1130

彩版三二三　第 14 ～ 20 窟前建筑出土、采集北魏时期甲类 Aa 型板瓦

1.Aa 型灰色板瓦 1992 窟前采：1131 　　　　　　2.Aa 型灰色板瓦 1992 窟前采：1132

3.Aa 型灰色板瓦 1992 窟前采：1195 　　　　　　4.A 型筒瓦 1992T504 ④ A：1

5.A 型筒瓦 1992T506 ④ A ：1 　　　　　　6.A 型筒瓦 1992T506 ④ A ：2

彩版三二四　　第 14 ～ 20 窟前建筑出土、采集北魏时期甲类板瓦、筒瓦

1. 灰色筒瓦 1992 窟前采: 1127

2. 灰色筒瓦 1992 窟前采: 1128

3. 灰色筒瓦 1992 窟前采: 1133

4. 灰色筒瓦 1992 窟前采: 1134

5. 红色筒瓦 1992T413 ④ A：4

6. 红色筒瓦 1992 窟前采: 1193

彩版三二五　第 14 ～ 20 窟前建筑出土、采集北魏时期甲类 A 型筒瓦

1. 甲类兽面忍冬纹瓦当 1992T501 ④ A∶8

2. 甲类兽面忍冬纹瓦当 1992T501 ④ A∶9

3. 甲类 Ab 型莲花建筑饰件 1992T502 ④ A∶13

4. 乙类 Ab 型莲花建筑饰件 1992T503 ④ A∶3

5. 丙类灰色板瓦 1992T401 ④ A∶16

6. 丙类灰色板瓦 1992T401 ④ A∶17

7. 丙类红黄色板瓦 1992T401 ④ A∶12

8. 丙类红黄色板瓦 1992T401 ④ A∶3

彩版三二六　第 14 ～ 20 窟前建筑出土北魏时期建筑材料

1. 丙类灰色筒瓦 1992T401 ④ A：18

2. 丙类灰色筒瓦 1992T401 ④ A：19

3. 铁箍带 1992T401 ④ A：9

4. 铁箍带 1992T425 ④ A：1

5. 铁箍带 1992T412 ④ A：4

6. 铁箍带 1992T503 ④ A：42

彩版三二七　第 14 ～ 20 窟前建筑出土北魏时期建筑材料与铁器

1. 铁钉 1992T409 ④ A：3、4

2.A 型铁钉 1992T502 ④ A：8

3.A 型铁钉 1992T502 ④ A：9

4.B 型铁钉 1992T503 ④ A：43

5.C 型铁钉 1992T503 ④ A：45

6. 铁条 1992T503 ④ A：44

彩版三二八　第 14 ～ 20 窟前建筑出土北魏时期铁器

1. 泥背烧土块 1992T501 ④ A：10 ～ 12

2. 泥背烧土块 1992T503 ④ A：5 ～ 15

3. 泥背烧土块 1992T509 ④ A：3 ～ 8

4. 泥背烧土块 1992T411 ④ A：1、2

5. 彩绘泥墙皮 1992T502 ④ A：15

6. 彩绘泥墙皮 1992T503 ④ A：16 ～ 18

彩版三二九　第 14 ～ 20 窟前建筑出土北魏时期泥背烧土块、彩绘泥墙皮

1.A 型陶罐 1992T502 ④ A：14

3.方格纹陶盆残片 1992T404 ④ A：1

2.A 型陶罐 1992T502 ④ A：16

4.方格纹陶盆残片 1992T413 ④ A：6

彩版三三〇　第 14 ～ 20 窟前建筑出土北魏时期陶器

1. 河堤俯视（1992T101）

2. 河堤底部淤泥层（1992T101）

3. 河堤底部淤泥层中的瓦件（1992T101）

彩版三三一　第 14 ～ 20 窟前北魏时期河堤遗迹

1. 河堤（1992T102，由南向北）

2. 河堤（1992T108，由东向西）

3. 河堤（1992T108，由南向北）

彩版三三二　第 14 ～ 20 窟前北魏时期河堤遗迹

1. 河堤与南北坡道（1992T104，由南向北）　　　2. 南北坡道（1992T105，由南向北）

3. 南北坡道东侧（1992T106，由南向北）

彩版三三三　第 14 ～ 20 窟前北魏时期南北坡道遗迹

1. 第 20 窟前西端西立佛石雕堆积未发掘之前

2. 西立佛石雕堆积（1992T501、T502，由南向北）

彩版三三四　第 20 窟前地层出土西立佛石雕堆积

1. 西立佛石雕堆积（1992T501、T502，由南向北）

2. 西立佛衣纹石块

3. 清理后的基岩
地面（由西向东）

彩版三三五　第 20 窟前地层出土西立佛石雕堆积

1. 衣纹石块 1992T502 ④ A：28

2. 衣纹石块 1992T501 ④ A：41（正面）

3. 衣纹石块 1992T501 ④ A：41（顶面）

4. 衣纹石块 1992T502 ④ A：27

5. 衣纹石块 1992T502 ④ A：79（正面）

6. 衣纹石块 1992T502 ④ A：79（顶面）

彩版三三六　第 20 窟前地层出土西立佛衣纹石块

1. 衣纹石块 1992T502 ④ A：21（正面）

2. 衣纹石块 1992T502 ④ A：21（顶面）

3. 衣纹石块 1992 窟前采：0801

4. 衣纹石块 1992T502 ④ A：93（正面）

5. 衣纹石块 1992T502 ④ A：93（顶面）

6. 衣纹石块 1992T502 ④ A：34

彩版三三七　第 20 窟前地层出土西立佛衣纹石块

1. 衣纹石块 1992T501 ④ A：35（正面）

2. 衣纹石块 1992T501 ④ A：35（顶面）

3. 衣纹石块 1992 窟前采：0802

4. 衣纹石块 1992T501 ④ A：24（正面）

5. 衣纹石块 1992T501 ④ A：24（顶面）

6. 衣纹石块 1992 窟前采：0511

彩版三三八　第 20 窟前地层出土西立佛衣纹石块

1. 衣纹石块 1992T501 ④ A：23（正面）

2. 衣纹石块 1992T501 ④ A：23（顶面）

3. 衣纹石块 1992T502 ④ A：35（正面）

4. 衣纹石块 1992T502 ④ A：35（顶面）

5. 衣纹石块 1992T502 ④ A：38（正面）

6. 衣纹石块 1992T502 ④ A：38（顶面）

彩版三三九　第 20 窟前地层出土西立佛衣纹石块

1. 衣纹石块 1992T502 ④ A：51

2. 衣纹石块 1992T501 ④ A：19+37（正面）

3. 衣纹石块 1992T501 ④ A：19+37（顶面）

4. 衣纹石块 1992T502 ④ A：41（正面）

5. 衣纹石块 1992T502 ④ A：41（顶面）

6. 衣纹石块 1992T502 ④ A：41（底面）

彩版三四○　第 20 窟前地层出土西立佛衣纹石块

1. 衣纹石块 1992T502 ④ A：20（正面）

2. 衣纹石块 1992T502 ④ A：20（顶面）

3. 衣纹石块 1992T502 ④ A：30（正面）

4. 衣纹石块 1992T502 ④ A：30（顶面）

5. 衣纹石块 1992T502 ④ A：42（正面）

6. 衣纹石块 1992T502 ④ A：42（顶面）

彩版三四一　第 20 窟前地层出土西立佛衣纹石块

1. 衣纹石块 1992T502 ④ A：43（正面）

2. 衣纹石块 1992T502 ④ A：43（顶面）

3. 衣纹石块 1992T501 ④ A：26（正面）

4. 衣纹石块 1992T501 ④ A：26（顶面）

5. 衣纹石块 1992T502 ④ A：26（正面）

6. 衣纹石块 1992T502 ④ A：26（顶面）

彩版三四二　第 20 窟前遗址出土西立佛衣纹石块

1. 衣纹石块 1992T502 ④ A：61+70（正面）　　2. 衣纹石块 1992T502 ④ A：61+70（顶面）

3. 衣纹石块 1992T502 ④ A：22（正面）　　4. 衣纹石块 1992T502 ④ A：22（顶面）

5. 衣纹石块 1992T502 ④ A：75（正面）　　6. 衣纹石块 1992T502 ④ A：75（顶面）

彩版三四三　第 20 窟前地层出土西立佛衣纹石块

1. 衣纹石块 1992T501 ④ A：42（正面）

2. 衣纹石块 1992T501 ④ A：42（顶面）

3. 衣纹石块 1992T501 ④ A：28（正面）

4. 衣纹石块 1992T501 ④ A：28（顶面）

5. 衣纹石块 1992T502 ④ A：50（正面）

6. 衣纹石块 1992T502 ④ A：50（顶面）

彩版三四四　第 20 窟前地层出土西立佛衣纹石块

1. 衣纹石块 1992T502 ④ A：71+72（正面）

2. 衣纹石块 1992T502 ④ A：71+72（顶面）

3. 衣纹石块 1992T502 ④ A：73（正面）

4. 衣纹石块 1992T502 ④ A：73（顶面）

5. 衣纹石块 1992T502 ④ A：74

6. 衣纹石块 1992T502 ④ A：23

彩版三四五　第 20 窟前地层出土西立佛衣纹石块

1. 衣纹石块 1992T501 ④ A：22（正面）

2. 衣纹石块 1992T501 ④ A：22（顶面）

3. 衣纹石块 1992T501 ④ A：47（正面）

4. 衣纹石块 1992T501 ④ A：47（顶面）

5. 衣纹石块 1992T501 ④ A：29（正面）

6. 衣纹石块 1992T501 ④ A：29（底面）

彩版三四六　　第 20 窟前地层出土西立佛衣纹石块

1. 衣纹石块 1992T501 ④ A：15（正面）

2. 衣纹石块 1992T501 ④ A：15（顶面）

3. 衣纹石块 1992T501 ④ A：15（背面）

4. 衣纹石块 1992T502 ④ A：56（正面）

5. 衣纹石块 1992T502 ④ A：56（顶面）

6. 衣纹石块 1992T502 ④ A：56（底面）

彩版三四七　第 20 窟前地层出土西立佛衣纹石块

1. 衣纹石块 1992T501 ④ A：38（正面）

2. 衣纹石块 1992T501 ④ A：38（顶面）

3. 衣纹石块 1992T502 ④ A：49+55（正面）

4. 衣纹石块 1992T502 ④ A：49+55（顶面）

5. 衣纹石块 1992T502 ④ A：76（正面）

6. 衣纹石块 1992T502 ④ A：76（顶面）

彩版三四八　第 20 窟前地层出土西立佛衣纹石块

1. 衣纹石块 1992 窟前采：0504（正面） 　　　　2. 衣纹石块 1992 窟前采：0504（顶面）

3. 衣纹石块 1992T501 ④ A：17+1992 窟前采：0851（正面） 　　4. 衣纹石块 1992T501 ④ A：17+1992 窟前采：0851（顶面）

5. 衣纹石块 1992T502 ④ A：57（正面） 　　　　6. 衣纹石块 1992T502 ④ A：57（顶面）

彩版三四九　第 20 窟前地层出土西立佛衣纹石块

1. 衣纹石块 1992T502 ④ A：29（正面）

2. 衣纹石块 1992T502 ④ A：29（顶面）

3. 衣纹石块 1992T501 ④ A：27（正面）

4. 衣纹石块 1992T501 ④ A：27（顶面）

5. 衣纹石块 1992T501 ④ A：48（正面）

6. 衣纹石块 1992T501 ④ A：48（顶面）

彩版三五〇　第 20 窟前地层出土西立佛衣纹石块

1. 衣纹石块 1992T502 ④ A：78（正面）

2. 衣纹石块 1992T502 ④ A：78（顶面）

3. 衣纹石块 1992T501 ④ A：20（正面）

4. 衣纹石块 1992T501 ④ A：20（顶面）

5. 衣纹石块 1992T502 ④ A：37（正面）

6. 衣纹石块 1992T502 ④ A：37（顶面）

彩版三五一　第 20 窟前地层出土西立佛衣纹石块

1. 衣纹石块 1992T502 ④ A：31+44（正面）

2. 衣纹石块 1992T502 ④ A：31+44（顶面）

3. 衣纹石块 1992T501 ④ A：33（正面）

4. 衣纹石块 1992T501 ④ A：33（顶面）

5. 衣纹石块 1992T502 ④ A：33（正面）

6. 衣纹石块 1992T502 ④ A：33（顶面）

彩版三五二　第 20 窟前地层出土西立佛衣纹石块

1. 衣纹石块 1992T502 ④ A：77（正面）

2. 衣纹石块 1992T502 ④ A：77（顶面）

3. 衣纹石块 1992T501 ④ A：39（正面）

4. 衣纹石块 1992T501 ④ A：39（顶面）

5. 衣纹石块 1992T502 ④ A：80

6. 衣纹石块 2013 窟前采：130+175

彩版三五三　第 20 窟前地层出土西立佛衣纹石块

1. 衣纹石块 1992T501 ④ A：40（正面）

2. 衣纹石块 1992T501 ④ A：40（顶面）

3. 衣纹石块 1992T502 ④ A：24+25（正面）

4. 衣纹石块 1992T502 ④ A ：24+25（顶面）

5. 衣纹石块 1992T502 ④ A：36（正面）

6. 衣纹石块 1992T502 ④ A：36（顶面）

彩版三五四　第 20 窟前地层出土西立佛衣纹石块

1. 衣纹石块 1992 窟前采：0000（正面）

2. 衣纹石块 1992 窟前采：0000（顶面）

3. 衣纹石块 2013 窟前采：013（正面）

4. 衣纹石块 2013 窟前采：013（侧面）

5. 衣纹石块 2013 窟前采：013（顶面）

6. 衣纹石块 1992T501④A：46+1992 窟前采：0883（正面）

彩版三五五　第 20 窟前地层出土、采集西立佛衣纹石块

1. 衣纹石块 1992T501 ④ A：32（正面）

2. 衣纹石块 1992T501 ④ A：32（顶面）

3. 衣纹石块 1992T501 ④ A：25（正面）

4. 衣纹石块 1992T501 ④ A：25（顶面）

5. 衣纹石块 1992T502 ④ A：32（正面）

6. 衣纹石块 1992T502 ④ A：32（顶面）

彩版三五六　第 20 窟前地层出土西立佛衣纹石块

1. 衣纹石块 2013 窟前采：069（正面）

2. 衣纹石块 2013 窟前采：069（顶面）

3. 衣纹石块 2013 窟前采：024（正面）

4. 衣纹石块 2013 窟前采：024（顶面）

5. 衣纹石块 1992 窟前采：0512（正面）

6. 衣纹石块 1992 窟前采：0512（顶面）

彩版三五七　第 20 窟前采集西立佛衣纹石块

1. 衣纹石块 1992T501 ④ A：45（正面）

2. 衣纹石块 1992T501 ④ A：45（顶面）

3. 衣纹石块 1992T501 ④ A：21（正面）

4. 衣纹石块 1992T501 ④ A：21（顶面）

5. 衣纹石块 1992T501 ④ A：34（正面）

6. 衣纹石块 1992T501 ④ A：34（顶面）

彩版三五八　第 20 窟前地层出土西立佛衣纹石块

1. 衣纹石块 1992T501 ④ A：31（正面）

2. 衣纹石块 1992T501 ④ A：31（顶面）

3. 衣纹石块 1992T502 ④ A：48（正面）

4. 衣纹石块 1992T502 ④ A：48（顶面）

5. 衣纹石块 1992T502 ④ A：65（正面）

6. 衣纹石块 1992T502 ④ A：65（顶面）

彩版三五九　第 20 窟前地层出土西立佛衣纹石块

1. 衣纹石块 1992T501 ④ A：16（正面）

2. 衣纹石块 1992T501 ④ A：16（顶面）

3. 衣纹石块 1992T502 ④ A：67（正面）

4. 衣纹石块 1992T502 ④ A：67（顶面）

5. 衣纹石块 1992 窟前采：0487（正面）

6. 衣纹石块 1992 窟前采：0487（顶面）

彩版三六〇　第 20 窟前地层出土、采集西立佛衣纹石块

1. 衣纹石块 1992T501 ④ A：36（正面）

2. 衣纹石块 1992T501 ④ A：36（顶面）

3. 衣纹石块 1992T502 ④ A：68

4. 衣纹石块 1992T501 ④ A：30（正面）

5. 衣纹石块 1992T501 ④ A：30（顶面）

6. 衣纹石块 1992T502 ④ A：39（正面）

彩版三六一　第 20 窟前地层出土西立佛衣纹石块

1. 左侧肩部衣纹石块 2013 窟前采：310（正面）　　2. 左侧肩部衣纹石块 2013 窟前采：310（顶面）

3. 左侧肩部衣纹石块 1992T501 ④ A：18（正面）　　4. 左侧肩部衣纹石块 1992T501 ④ A：18（顶面）

5. 左侧肩部衣纹石块 1992T502 ④ A：83（正面）　　6. 左侧肩部衣纹石块 1992T502 ④ A：83（顶面）

彩版三六二　第 20 窟前地层出土、采集西立佛左侧肩部衣纹石块

1. 右侧肩部衣纹石块 1992T501 ④ A：44（正面）

2. 右侧肩部衣纹石块 1992T501 ④ A：44（顶面）

3. 右侧肩部衣纹石块 1992 窟前采：0510（正面）

4. 右侧肩部衣纹石块 1992 窟前采：0510（顶面）

5. 右侧肩部衣纹石块 1992T502 ④ A：66（正面）

6. 右侧肩部衣纹石块 1992T502 ④ A：66（顶面）

彩版三六三　第 20 窟前地层出土、采集西立佛右侧肩部衣纹石块

1. 右侧肩部衣纹石块 1992 窟前采：0514（正面）

2. 右侧肩部衣纹石块 1992 窟前采：0514（顶面）

3. 右侧肩部衣纹石块 1992T502 ④ A：82

4. 衣纹石块 1992T502 ④ A：40（正面）

5. 衣纹石块 1992T502 ④ A：40（顶面）

6. 衣纹石块 1992T502 ④ A：46

彩版三六四　第 20 窟前地层出土、采集西立佛衣纹石块

1. 衣纹石块 1992T502 ④ A：45（正面）

2. 衣纹石块 1992T502 ④ A：45（顶面）

3. 衣纹石块 1992T502 ④ A：47

4. 衣纹石块 1992T502 ④ A：53

5. 衣纹石块 1992T502 ④ A：54

6. 衣纹石块 1992T502 ④ A：59（正面）

彩版三六五　第 20 窟前地层出土西立佛衣纹石块

1. 衣纹石块 1992T502 ④ A：58（正面）

2. 衣纹石块 1992T502 ④ A：58（顶面）

3. 衣纹石块 1992T502 ④ A：60

4. 衣纹石块 1992T502 ④ A：62

5. 衣纹石块 1992T502 ④ A：63

6. 衣纹石块 1992T502 ④ A：64

彩版三六六　第 20 窟前地层出土西立佛衣纹石块

1. 衣纹石块 1992T502 ④ A：69

2. 衣纹石块 1992T502 ④ A：81（正面）

3. 衣纹石块 1992T502 ④ A：81（顶面）

4. 衣纹石块 1992T503 ③ A：19

5. 衣纹石块 1992T502 ④ A：104

6. 衣纹石块 1992 窟前采：0006

彩版三六七　第 20 窟前地层出土、采集西立佛衣纹石块

1. 衣纹石块 1992 窟前采: 0447

2. 衣纹石块 1992 窟前采: 0503

3. 衣纹石块 1992 窟前采: 0799

4. 衣纹石块 1992 窟前采: 0882

5. 衣纹石块 2013 窟前采: 112

6. 衣纹石块 2013 窟前采: 194

彩版三六八　第 20 窟前采集西立佛衣纹石块

1. 卯接石块 1992T501 ④ A∶49

2. 卯接石块 1992T501 ④ A∶50

3. 卯接石块 1992T501 ④ A∶51

4. 卯接石块 1992T501 ④ A∶52

5. 卯接石块 1992T501 ④ A∶53

6. 卯接石块 1992T501 ④ A∶54

彩版三六九　第 20 窟前地层出土西立佛卯接石块

1. 卯接石块 1992T501 ④ A：55

2. 卯接石块 1992T501 ④ A：56

3. 卯接石块 1992T501 ④ A：57（顶面）

4. 卯接石块 1992T501 ④ A：57（底面）

5. 卯接石块 1992T501 ④ A：57（前面）

6. 卯接石块 1992T501 ④ A：57（背面）

彩版三七〇　第 20 窟前地层出土西立佛卯接石块

1. 卯接石块 1992T501 ④ A：58

2. 卯接石块 1992T501 ④ A：59

3. 卯接石块 1992T501 ④ A：60

4. 卯接石块 1992T501 ④ A：61

5. 卯接石块 1992T501 ④ A：62

6. 卯接石块 1992T502 ④ A：87

彩版三七一　第 20 窟前地层出土西立佛卯接石块

1. 卯接石块 1992T502 ④ A：88

2. 卯接石块 1992T502 ④ A：89

3. 卯接石块 1992T502 ④ A：90

4. 卯接石块 1992T502 ④ A：91

5. 卯接石块 1992T502 ④ A：92

6. 卯接石块 1992T502 ④ A：94

彩版三七二　第 20 窟前地层出土西立佛卯接石块

1. 卯接石块 1992T502 ④ A：96

2. 卯接石块 1992T502 ④ A：97

3. 卯接石块 1992T502 ④ A：98

4. 卯接石块 1992T502 ④ A：99

5. 卯接石块 1992T502 ④ A：100

6. 卯接石块 1992T502 ④ A：101

彩版三七三　第 20 窟前地层出土西立佛卯接石块

1. 卯接石块 1992T502 ④ A：102

2. 卯接石块 1992T502 ④ A：103

3. 卯接石块 1992T502 ④ A：105

4. 卯接石块 1992T502 ④ A：108

5. 卯接石块 1992 窟前采：0002

6. 卯接石块 1992 窟前采：0007

彩版三七四　第 20 窟前地层出土、采集西立佛卯接石块

1. 卯接石块 1992 窟前采: 0505

2. 卯接石块 1992 窟前采: 0506

3. 卯接石块 1992 窟前采: 0509

4. 卯接石块 1992 窟前采: 0513

彩版三七五　第 20 窟前采集西立佛卯接石块

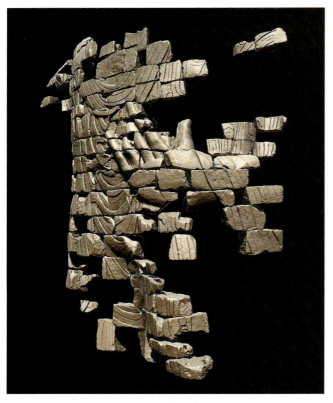

1. 西立佛左侧　　　　　　　　　　　　　2. 西立佛正面

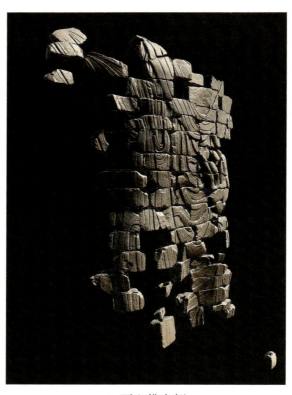

3. 西立佛右侧

彩版三七六　第 20 窟西立佛三维虚拟拼接图

1. 红色筒瓦 1992T111 ③ D：6

2. 红色筒瓦 1992T201 ④ B：4

3. 兽面忍冬纹瓦当 1992T201 ② A：6

4. 兽面忍冬纹瓦当 1992T201 ④ B：1

5. 兽面忍冬纹瓦当 1992T201 ④ B：2

6. 兽面忍冬纹瓦当 1992T304 ② A：5

彩版三七七　第 14 ～ 20 窟前地层出土北魏时期甲类建筑材料

1. 甲类 B 型莲花建筑饰件 1992T305 ①：2

2. 甲类 B 型莲花建筑饰件 1992T302 ② A：2

3. 甲类 B 型莲花建筑饰件 1992T306 ② A：2

4. 乙类 B 型板瓦 1992T111 ③ D：7

5. 乙类 B 型板瓦 1992T111 ③ D：9

6. 瓦身残片 1992T201 ④ B：3

彩版三七八　第 14 ～ 20 窟前地层出土北魏时期建筑材料

1.A 型筒瓦 1992T111 ③ D：11

2.A 型筒瓦 1992T101 ③ C：1

3. 莲花纹瓦当 1992T101 ③ B：1

4. 莲花纹瓦当 1992T101 ③ B：2

5.Aa 型莲花建筑饰件 1992T506 ③ A：1

6.Ab 型莲花建筑饰件 1992T103 ③ B：2

彩版三七九　第 14 ～ 20 窟前地层出土北魏时期乙类建筑材料

1. 灰色板瓦 1992T101 ③ B：3

2. 灰色板瓦 1992T101 ③ B：4

3. 灰色板瓦 1992T111 ③ D：12

4. 灰色板瓦 1992T105 ② A：46

5.A 型灰色筒瓦 1992T111 ③ D：13

6.A 型灰色筒瓦 1992T111 ③ D：14

彩版三八〇　第 14 ～ 20 窟前地层出土北魏时期丙类建筑材料

1. 丙类 A 型灰色筒瓦 1992T111 ③ D：16

2. 丙类 A 型灰色筒瓦 1992T111 ③ D：17

3. 丙类 A 型灰色筒瓦 1992T111 ③ D：19

4. 丙类 A 型灰色筒瓦 1992T111 ③ D：18

5. 丙类 A 型红黄色筒瓦 1992T111 ③ D：20

6. 丙类 A 型红黄色筒瓦 1992T111 ② A：24

7. 丁类绿釉板瓦 1992T111 ③ D：2

8. 彩绘泥墙皮 1992T105 ③ B：5～8

彩版三八一　第 14～20 窟前地层出土北魏时期建筑材料

1. 中型佛首 1992 窟前采：0515

2. 小型佛首 1991 窟前采：0449

3. 小型佛首 1991 窟前采：47

4. 小型佛首 1991 窟前采：57

5. 小型佛首 1991 窟前采：0783

彩版三八二　第 14 ～ 20 窟前采集北魏时期石雕佛首

1. 小型佛首 1992 窟前采：0784

2. 小型佛首 1992 窟前采：0785

3. 小型佛首 1992 窟前采：0786（斜）

5. 小型佛首 1992 窟前采：0786（侧面）

4. 小型佛首 1992 窟前采：0786（正面）

彩版三八三　第 14 ～ 20 窟前采集北魏时期石雕小型佛首

1. 中型佛身 1992T403 ③ A：5

2. 中型佛身 1992T501 ④ A：43（正面）

3. 中型佛身 1992T501 ④ A：43（顶面）

4. 中型佛身 1992T501 ④ A：43（侧面）

5. 中型佛身 1992 窟前采：0237

6. 中型佛身 2013 探沟采：199

彩版三八四　第 14 ～ 20 窟前地层出土、采集北魏时期石雕中型佛身

1. 中型佛身 1992 窟前采： 0231+2013 探沟
采： 058（正面）

2. 中型佛身 1992 窟前采： 0231+2013 探沟采： 058（顶面）

3. 中型佛身 1992 窟前采： 0231+2013 探沟采： 058（底面）

4. 中型佛身 1992 窟前采：0731

5. 中型佛身 1992 窟前采：0774

彩版三八五　第 14 ～ 20 窟前采集北魏时期石雕中型佛身

1. 中型佛身 1992 窟前采：0903（正面）

2. 中型佛身 1992 窟前采：0903（顶面）

3. 中型佛身 1992 窟前采：0903（侧面）

4. 小型佛身 1992T106 ②：1

5. 小型佛身 1992T503 ③ A：20

6. 小型佛身 1992T503 ③ A：25

彩版三八六　第 14 ～ 20 窟前地层出土、采集北魏时期石雕佛身

1. 小型佛身 1992T503 ③ A：1

2. 小型佛身 1992T506 ③ A：9

3. 小型佛身 1992T601 ③ A：13

4. 小型佛身 1991 窟前采：43

5. 小型佛身 1991 窟前采：0779

6. 小型佛身 1992 窟前采：0048

彩版三八七　第 14 ～ 20 窟前地层出土、采集北魏时期石雕佛身

1. 小型佛身 1992 窟前采：0053+0342-1+0342-2

2. 小型佛身 1992 窟前采：0136+0150

3. 小型佛身 1993 窟前采：0001

4. 小型佛身 1992 窟前采：0066

5. 小型佛身 1992 窟前采：0424

6. 小型佛身 1992 窟前采：0456

彩版三八八　第 14 ～ 20 窟前采集北魏时期石雕小型佛身

1. 小型佛身 1992 窟前采: 0491

2. 小型佛身 1992 窟前采: 0523

3. 小型佛身 1992 窟前采: 0667

4. 小型佛身 1992 窟前采: 0676

5. 小型佛身 1992 窟前采: 0797

6. 小型佛身 1992 窟前采: 0822

彩版三八九　第 14 ～ 20 窟前采集北魏时期石雕小型佛身

1. 大型菩萨头部 1992 窟前采: 0761

2. 大型菩萨头部 1992 窟前采: 0773（正面）

3. 大型菩萨头部 1992 窟前采: 0773（顶面）

4. 中型菩萨头部 1992T409 ②: 10

5. 中型菩萨头部 1991 窟前采: 74

6. 小型菩萨头部 1991 窟前采: 0790

彩版三九〇　第 14 ～ 20 窟前地层出土、采集北魏时期石雕菩萨头部

1. 中型菩萨身躯 1992T601 ③ A：20

2. 中型菩萨身躯 1992T601 ③ A：21

3. 中型菩萨身躯 1992 窟前采：0671+0672

4. 小型菩萨身躯 1992T110 ②：23

5. 小型菩萨身躯 1992T301 ③ A：15

6. 小型菩萨身躯 1992T301 ③ A：16

彩版三九一　第 14 ～ 20 窟前地层出土北魏时期石雕菩萨身躯

1. 小型菩萨身躯 1992T503 ③ A：21

2. 小型菩萨身躯 1991 窟前采：82

3. 小型菩萨身躯 1992 窟前采：0228

4. 小型菩萨身躯 1992 窟前采：0316

5. 小型菩萨身躯 1992 窟前采：0518

6. 小型菩萨身躯 1992 窟前采：0677

彩版三九二　第 14 ～ 20 窟前地层出土、采集北魏时期石雕小型菩萨身躯

1. 小型菩萨身躯 2007 窟前采: 0681

2. 小型菩萨身躯 1992 窟前采: 0794

3. 小型菩萨身躯 1992 窟前采: 0772

4. 小型菩萨身躯 1992 窟前采: 0775

5. 小型菩萨身躯 1992 窟前采: 0791

彩版三九三　第 14 ～ 20 窟前采集北魏时期石雕小型菩萨身躯

1. 弟子 1992 窟前采：0737

2. 供养 1992T403 ③ A：18

4. 弟子 1991 窟前采：0789（右侧）

3. 弟子 1991 窟前采：0789（正面）

5. 弟子 1991 窟前采：0789（左侧）

彩版三九四　第 14 ～ 20 窟前地层出土、采集北魏时期石雕弟子、供养像

1. 供养 1992T502 ④ A：84+2013 窟前采：019+020

2. 供养 1992T502 ④ A：85

3. 供养 1992T513 ①：6

4. 供养 1991 窟前采：75

5. 供养 1992 窟前采：0106

6. 供养 1992 窟前采：0126

彩版三九五　第 14 ～ 20 窟前地层出土、采集北魏时期石雕供养形象

1. 供养 1992 窟前采：0158

2. 供养 1992 窟前采：0234

3. 供养 1992 窟前采：0874

4. 供养 1992 窟前采：0344

5. 供养 2007 窟前采：0762

6. 供养 1992 窟前采：0457

彩版三九六 第 14 ～ 20 窟前采集北魏时期石雕供养形象

1. 供养 1992 窟前采: 0458

2. 供养 1992 窟前采: 0356

3. 供养 1992 窟前采: 0477

4. 供养 1992 窟前采: 0666

5. 供养 1992 窟前采: 0751

6. 供养 1992 窟前采: 0875

彩版三九七　第 14 ～ 20 窟前采集北魏时期石雕供养形象

1. 飞天 1992 窟前采：0788

2. 飞天 2007 窟前采：0744

3. 飞天 1992 窟前采：0288

4. 飞天 1992 窟前采：0297

5. 飞天 1992 窟前采：0441

6. 飞天 1991 窟前采：42

彩版三九八　第 14 ～ 20 窟前采集北魏时期石雕飞天像

1. 飞天 1991 窟前采: 50

2. 飞天 1992 窟前采: 0094

3. 飞天 1992 窟前采: 0678

4. 力士 1992 窟前采: 0740（正面）

5. 力士 1992 窟前采: 0740（右侧）

彩版三九九　第 14 ～ 20 窟前采集北魏时期石雕飞天、力士像

1. 通肩类 A 型千佛 1992T503 ④ A：19

2. 通肩类 A 型千佛 1992T601 ③ A：25

3. 通肩类 A 型千佛 1992T601 副方④ A：6

4. 通肩类 A 型千佛 1991 窟前采：35

5.1992 窟前采：0584+0629

6.1992 窟前采：0905

彩版四〇〇　第 14 ～ 20 窟前地层出土、采集北魏时期通肩类 A 型石雕千佛

1. 通肩类 Ba 型千佛 1992T404 ③ A：13

2. 通肩类 Ba 型千佛 1991 窟前采：39

3. 通肩类 Ba 型千佛 1992 窟前采：0121（右侧）

4. 通肩类 Ba 型千佛 1992 窟前采：0121（转角）

5. 通肩类 Ba 型千佛 1992 窟前采：0121（左侧）

6. 通肩类 Ba 型千佛 1992 窟前采：0139

彩版四〇一　第 14 ～ 20 窟前地层出土、采集北魏时期通肩类 Ba 型石雕千佛

1. 通肩类 Ba 型千佛 1992 窟前采: 0152

2. 通肩类 Ba 型千佛 1992 窟前采: 0222

3. 通肩类 Ba 型千佛 1992 窟前采: 0271

4. 通肩类 Ba 型千佛 1992 窟前采: 0686

5. 通肩类 Ba 型千佛 1992 窟前采: 0759

6. 通肩类 Ba 型千佛 1992 窟前采: 0865

彩版四〇二　第 14 ～ 20 窟前采集北魏时期通肩类 Ba 型石雕千佛

1. 通肩类 Bb 型石雕千佛 1992T110 ② ：27

2. 通肩类 Bb 型石雕千佛 1992T110 ② ：28

3. 通肩类 Bb 型石雕千佛 1992T403 ③ A ：15

4. 通肩类 Bb 型石雕千佛 1992T403 ③ A ：7+9

5. 通肩类 Bb 型石雕千佛 1992T404 ③ A ：5+6

6. 通肩类 Bb 型石雕千佛 1992T404 ③ A ：7

彩版四〇三　第 14 ～ 20 窟前地层出土北魏时期通肩类 Bb 型石雕千佛

1. 通肩类 Bb 型石雕千佛 1992T404 ③ A：9

2. 通肩类 Bb 型石雕千佛 1992T404 ③ A：11

3. 通肩类 Bb 型石雕千佛 1992T404 ③ A：12

4. 通肩类 Bb 型石雕千佛 1992T404 ③ A：15

5. 通肩类 Bb 型石雕千佛 1992T407 ③ A：1

6. 通肩类 Bb 型石雕千佛 1992T503 ③ A：6

彩版四〇四　第 14 ～ 20 窟前地层出土北魏时期通肩类 Bb 型石雕千佛

1. 通肩类 Bb 型石雕千佛 1992T503 ③ A：8

2. 通肩类 Bb 型石雕千佛 1992T507 ③ A：9

3. 通肩类 Bb 型石雕千佛 1992T602 副方④ A：69

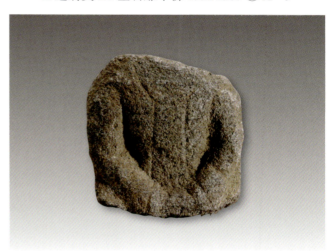

4. 通肩类 Bb 型石雕千佛 1992T110 ②：22

5. 通肩类 Bb 型石雕千佛 1992T402 ③ A：3

6. 通肩类 Bb 型石雕千佛 1992T402 ③ A：4

彩版四〇五　第 14～20 窟前地层出土北魏时期通肩类 Bb 型石雕千佛

1. 通肩类 Bb 型石雕千佛 1992T402 ③ A：5

2. 通肩类 Bb 型石雕千佛 1992T402 ③ A：6

3. 通肩类 Bb 型石雕千佛 1992T402 ③ A：11

4. 通肩类 Bb 型石雕千佛 1992T403 ③ A：16

5. 通肩类 Bb 型石雕千佛 1992T404 ③ A：10

6. 通肩类 Bb 型石雕千佛 1992T503 ④ A：18

彩版四〇六　第 14 ～ 20 窟前地层出土北魏时期通肩类 Bb 型石雕千佛

1. 通肩类 Bb 型石雕千佛 1992T503 ④ A：20

2. 通肩类 Bb 型石雕千佛 1992T506 ③ A：3

3. 通肩类 Bb 型石雕千佛 1992T506 ③ A：4

4. 通肩类 Bb 型石雕千佛 1992T506 ③ A：5

5. 通肩类 Bb 型石雕千佛 1992T507 ③ A：5+6

6. 通肩类 Bb 型石雕千佛 1992T507 ③ A：7

彩版四〇七　第 14 ～ 20 窟前地层出土北魏时期通肩类 Bb 型石雕千佛

1. 通肩类 Bb 型石雕千佛 1992T508 ①：1

2. 通肩类 Bb 型石雕千佛 1992T509 ②：1

3. 通肩类 Bb 型石雕千佛 1992T512 ①：6

4. 通肩类 Bb 型石雕千佛 1992T602 副方④ A：12

5. 通肩类 Bb 型石雕千佛 1992T602 副方④ A：55

6. 通肩类 Bb 型石雕千佛 1992T602 副方④ A：68

彩版四〇八　第 14 ～ 20 窟前地层出土北魏时期通肩类 Bb 型石雕千佛

1. 通肩类 Bb 型石雕千佛 1992T602 副方④ A：22

2. 通肩类 Bb 型石雕千佛 1992T602 副方④ A：23

3. 通肩类 Bb 型石雕千佛 1992T602 副方④ A：30

4. 通肩类 Bb 型石雕千佛 1992T602 副方④ A：31

5. 通肩类 Bb 型石雕千佛 1992T602 副方④ A：32

6. 通肩类 Bb 型石雕千佛 1992T602 副方④ A：33

彩版四〇九　第 14 ～ 20 窟前地层出土北魏时期通肩类 Bb 型石雕千佛

1. 通肩类 Bb 型石雕千佛 1992T602 副方④ A：39

2. 通肩类 Bb 型石雕千佛 1992T602 副方④ A：40

3. 通肩类 Bb 型石雕千佛 1992T602 副方④ A：43

4. 通肩类 Bb 型石雕千佛 1992T602 副方④ A：48

5. 通肩类 Bb 型石雕千佛 1992T602 副方④ A：52

6. 通肩类 Bb 型石雕千佛 1992T403 ③ A：14

彩版四一〇　第 14～20 窟前地层出土北魏时期通肩类 Bb 型石雕千佛

1. 通肩类 Bb 型石雕千佛 1992T404 ③ A：14

2. 通肩类 Bb 型石雕千佛 1992T503 ③ A：2（转角）

3. 通肩类 Bb 型石雕千佛 1992T503 ③ A：2（左侧）

4. 通肩类 Bb 型石雕千佛 1992T503 ③ A：2（右侧）

5. 通肩类 Bb 型石雕千佛 1992T507 ③ A：2

6. 通肩类 Bb 型石雕千佛 1992T507 ③ A：4

彩版四一一 第 14 ～ 20 窟前地层出土北魏时期通肩类 Bb 型石雕千佛

1. 通肩类 Bb 型石雕千佛 1992T504 ③ A：1（转角）

2. 通肩类 Bb 型石雕千佛 1992T504 ③ A：1（左侧）

3. 通肩类 Bb 型石雕千佛 1992T504 ③ A：1（右侧）

4. 通肩类 Bb 型石雕千佛 1992T602 副方④ A：66

5. 通肩类 Bb 型石雕千佛 1992 窟前采：0010

6. 通肩类 Bb 型石雕千佛 1992 窟前采：0016

彩版四一二　第 14 ～ 20 窟前地层出土、采集北魏时期通肩类 Bb 型石雕千佛

1. 通肩类 Bb 型石雕千佛 1992 窟前采：0018

2. 通肩类 Bb 型石雕千佛 1992 窟前采：0022

3. 通肩类 Bb 型石雕千佛 1992 窟前采：0029

4. 通肩类 Bb 型石雕千佛 1992 窟前采：0037

5. 通肩类 Bb 型石雕千佛 1992 窟前采：0038

6. 通肩类 Bb 型石雕千佛 1992 窟前采：0041

彩版四一三　第 14 ～ 20 窟前采集北魏时期通肩类 Bb 型石雕千佛

1. 通肩类 Bb 型石雕千佛 1992 窟前采：0056

2. 通肩类 Bb 型石雕千佛 1992 窟前采：0058

3. 通肩类 Bb 型石雕千佛 1992 窟前采：0062

4. 通肩类 Bb 型石雕千佛 1992 窟前采：0077

5. 通肩类 Bb 型石雕千佛 1992 窟前采：0081

6. 通肩类 Bb 型石雕千佛 1992 窟前采：0087

彩版四一四　第 14 ～ 20 窟前采集北魏时期通肩类 Bb 型石雕千佛

1. 通肩类 Bb 型石雕千佛 1992 窟前采：0088

2. 通肩类 Bb 型石雕千佛 1992 窟前采：0091

3. 通肩类 Bb 型石雕千佛 1992 窟前采：0098

4. 通肩类 Bb 型石雕千佛 1992 窟前采：0104

5. 通肩类 Bb 型石雕千佛 1992 窟前采：0105

6. 通肩类 Bb 型石雕千佛 1992 窟前采：0107

彩版四一五　第 14 ～ 20 窟前采集北魏时期通肩类 Bb 型石雕千佛

1. 通肩类 Bb 型石雕千佛 1992 窟前采：0110

2. 通肩类 Bb 型石雕千佛 1992 窟前采：0116

3. 通肩类 Bb 型石雕千佛 1992 窟前采：0124

4. 通肩类 Bb 型石雕千佛 1992 窟前采：0128

5. 通肩类 Bb 型石雕千佛 1992 窟前采：0148

6. 通肩类 Bb 型石雕千佛 1992 窟前采：0161

彩版四一六　第 14 ～ 20 窟前采集北魏时期通肩类 Bb 型石雕千佛

1. 通肩类 Bb 型石雕千佛 1992 窟前采：0163

2. 通肩类 Bb 型石雕千佛 1992 窟前采：0168

3. 通肩类 Bb 型石雕千佛 1992 窟前采：0176

4. 通肩类 Bb 型石雕千佛 1992 窟前采：0189

5. 通肩类 Bb 型石雕千佛 1992 窟前采：0193

6. 通肩类 Bb 型石雕千佛 1992 窟前采：0196

彩版四一七　第 14 ～ 20 窟前采集北魏时期通肩类 Bb 型石雕千佛

1. 通肩类 Bb 型石雕千佛 1992 窟前采: 0203

2. 通肩类 Bb 型石雕千佛 1992 窟前采: 0210

3. 通肩类 Bb 型石雕千佛 1992 窟前采: 0217

4. 通肩类 Bb 型石雕千佛 1992 窟前采: 0227

5. 通肩类 Bb 型石雕千佛 1992 窟前采: 0242

6. 通肩类 Bb 型石雕千佛 1992 窟前采: 0262

彩版四一八　第 14 ～ 20 窟前采集北魏时期通肩类 Bb 型石雕千佛

1. 通肩类 Bb 型石雕千佛 1992 窟前采: 0263

2. 通肩类 Bb 型石雕千佛 1992 窟前采: 0267

3. 通肩类 Bb 型石雕千佛 1992 窟前采: 0269

4. 通肩类 Bb 型石雕千佛 1992 窟前采: 0272

5. 通肩类 Bb 型石雕千佛 1992 窟前采: 0278

6. 通肩类 Bb 型石雕千佛 1992 窟前采: 0286

彩版四一九　第 14 ～ 20 窟前采集北魏时期通肩类 Bb 型石雕千佛

1. 通肩类 Bb 型石雕千佛 1992 窟前采：0293

2. 通肩类 Bb 型石雕千佛 1992 窟前采：0317

3. 通肩类 Bb 型石雕千佛 1992 窟前采：0346

4. 通肩类 Bb 型石雕千佛 1992 窟前采：0353

5. 通肩类 Bb 型石雕千佛 1992 窟前采：0358

6. 通肩类 Bb 型石雕千佛 1992 窟前采：0376

彩版四二〇　第 14 ～ 20 窟前采集北魏时期通肩类 Bb 型石雕千佛

1. 通肩类 Bb 型石雕千佛 1992 窟前采：0381

2. 通肩类 Bb 型石雕千佛 1992 窟前采：0386

3. 通肩类 Bb 型石雕千佛 1992 窟前采：0390

4. 通肩类 Bb 型石雕千佛 1992 窟前采：0408

5. 通肩类 Bb 型石雕千佛 1992 窟前采：0411

6. 通肩类 Bb 型石雕千佛 1992 窟前采：0417

彩版四二一　第 14 ～ 20 窟前采集北魏时期通肩类 Bb 型石雕千佛

1. 通肩类 Bb 型石雕千佛 1992 窟前采：0421

2. 通肩类 Bb 型石雕千佛 1992 窟前采：0426

3. 通肩类 Bb 型石雕千佛 1992 窟前采：0428

4. 通肩类 Bb 型石雕千佛 1992 窟前采：0490

5. 通肩类 Bb 型石雕千佛 1992 窟前采：0497

6. 通肩类 Bb 型石雕千佛 1992 窟前采：0498

彩版四二二　第 14 ～ 20 窟前采集北魏时期通肩类 Bb 型石雕千佛

1. 通肩类 Bb 型石雕千佛 1992 窟前采：0501

2. 通肩类 Bb 型石雕千佛 1992 窟前采：0502

3. 通肩类 Bb 型石雕千佛 1992 窟前采：0526

4. 通肩类 Bb 型石雕千佛 1992 窟前采：0534

5. 通肩类 Bb 型石雕千佛 1992 窟前采：0535+0548

6. 通肩类 Bb 型石雕千佛 1992 窟前采：0569

彩版四二三　第 14 ～ 20 窟前采集北魏时期通肩类 Bb 型石雕千佛

1. 通肩类 Bb 型石雕千佛 1992 窟前采：0599

2. 通肩类 Bb 型石雕千佛 1992 窟前采：0716

3. 通肩类 Bb 型石雕千佛 2007 窟前采：0743

4. 通肩类 Bb 型石雕千佛 1992 窟前采：0748

5. 通肩类 Bb 型石雕千佛 1992 窟前采：0825

6. 通肩类 Bb 型石雕千佛 1992 窟前采：0827

彩版四二四　　第 14 ～ 20 窟前采集北魏时期通肩类 Bb 型石雕千佛

1. 通肩类 Bb 型石雕千佛 2007 窟前采: 0861

2. 通肩类 Bb 型石雕千佛 1991 窟前采: 36

3. 通肩类 Bb 型石雕千佛 1991 窟前采: 37

4. 通肩类 Bb 型石雕千佛 1991 窟前采: 38

5. 通肩类 Bb 型石雕千佛 1991 窟前采: 40

6. 通肩类 Bb 型石雕千佛 1991 窟前采: 44

彩版四二五　第 14 ～ 20 窟前采集北魏时期通肩类 Bb 型石雕千佛

1. 通肩类 Bb 型石雕千佛 1991 窟前采: 79

2. 通肩类 Bb 型石雕千佛 1992 窟前采: 0011

3. 通肩类 Bb 型石雕千佛 2007 窟前采: 0013

4. 通肩类 Bb 型石雕千佛 1992 窟前采: 0015

5. 通肩类 Bb 型石雕千佛 1992 窟前采: 0025

6. 通肩类 Bb 型石雕千佛 1992 窟前采: 0027

彩版四二六　第 14 ～ 20 窟前采集北魏时期通肩类 Bb 型石雕千佛

1. 通肩类 Bb 型石雕千佛 1992 窟前采: 0028

2. 通肩类 Bb 型石雕千佛 1992 窟前采: 0033

3. 通肩类 Bb 型石雕千佛 1992 窟前采: 0034

4. 通肩类 Bb 型石雕千佛 1992 窟前采: 0036

5. 通肩类 Bb 型石雕千佛 1992 窟前采: 0052

6. 通肩类 Bb 型石雕千佛 1992 窟前采: 0065

彩版四二七　第 14 ～ 20 窟前采集北魏时期通肩类 Bb 型石雕千佛

1. 通肩类 Bb 型石雕千佛 1992 窟前采：0074

2. 通肩类 Bb 型石雕千佛 1992 窟前采：0075

3. 通肩类 Bb 型石雕千佛 1992 窟前采：0082

4. 通肩类 Bb 型石雕千佛 1992 窟前采：0083

5. 通肩类 Bb 型石雕千佛 1992 窟前采：0090

6. 通肩类 Bb 型石雕千佛 1992 窟前采：0093-1

彩版四二八　第 14 ～ 20 窟前采集北魏时期通肩类 Bb 型石雕千佛

1. 通肩类 Bb 型石雕千佛 1992 窟前采：0093-2

2. 通肩类 Bb 型石雕千佛 1992 窟前采：0095

3. 通肩类 Bb 型石雕千佛 1992 窟前采：0113

4. 通肩类 Bb 型石雕千佛 1992 窟前采：0130

5. 通肩类 Bb 型石雕千佛 1992 窟前采：0134

6. 通肩类 Bb 型石雕千佛 1992 窟前采：0142

彩版四二九　第 14 ～ 20 窟前采集北魏时期通肩类 Bb 型石雕千佛

1. 通肩类 Bb 型石雕千佛 1992 窟前采：0143

2. 通肩类 Bb 型石雕千佛 1992 窟前采：0144

3. 通肩类 Bb 型石雕千佛 1992 窟前采：0153

4. 通肩类 Bb 型石雕千佛 1992 窟前采：0156

5. 通肩类 Bb 型石雕千佛 1992 窟前采：0159

6. 通肩类 Bb 型石雕千佛 1992 窟前采：0162

彩版四三〇　第 14 ～ 20 窟前采集北魏时期通肩类 Bb 型石雕千佛

1. 通肩类 Bb 型石雕千佛 1992 窟前采: 0167

2. 通肩类 Bb 型石雕千佛 1992 窟前采: 0200

3. 通肩类 Bb 型石雕千佛 1992 窟前采: 0201

4. 通肩类 Bb 型石雕千佛 1992 窟前采: 0202

5. 通肩类 Bb 型石雕千佛 1992 窟前采: 0221

6. 通肩类 Bb 型石雕千佛 1992 窟前采: 0225

彩版四三一　第 14 ～ 20 窟前采集北魏时期通肩类 Bb 型石雕千佛

1. 通肩类 Bb 型石雕千佛 1992 窟前采：0226

2. 通肩类 Bb 型石雕千佛 1992 窟前采：0233

3. 通肩类 Bb 型石雕千佛 1992 窟前采：0236

4. 通肩类 Bb 型石雕千佛 1992 窟前采：0239

5. 通肩类 Bb 型石雕千佛 1992 窟前采：0240

6. 通肩类 Bb 型石雕千佛 1992 窟前采：0252

彩版四三二　第 14 ～ 20 窟前采集北魏时期通肩类 Bb 型石雕千佛

1. 通肩类 Bb 型石雕千佛 1992 窟前采: 0257

2. 通肩类 Bb 型石雕千佛 1992 窟前采: 0260

3. 通肩类 Bb 型石雕千佛 1992 窟前采: 0266

4. 通肩类 Bb 型石雕千佛 1992 窟前采: 0275

5. 通肩类 Bb 型石雕千佛 1992 窟前采: 0280

6. 通肩类 Bb 型石雕千佛 1992 窟前采: 0281

彩版四三三　第 14 ～ 20 窟前采集北魏时期通肩类 Bb 型石雕千佛

1. 通肩类 Bb 型石雕千佛 1992 窟前采: 0284

2. 通肩类 Bb 型石雕千佛 1992 窟前采: 0285

3. 通肩类 Bb 型石雕千佛 1992 窟前采: 0287

4. 通肩类 Bb 型石雕千佛 1992 窟前采: 0292

5. 通肩类 Bb 型石雕千佛 1992 窟前采: 0294

6. 通肩类 Bb 型石雕千佛 1992 窟前采: 0296

彩版四三四　第 14 ～ 20 窟前采集北魏时期通肩类 Bb 型石雕千佛

1. 通肩类 Bb 型石雕千佛 1992 窟前采：0301

2. 通肩类 Bb 型石雕千佛 1992 窟前采：0306

3. 通肩类 Bb 型石雕千佛 1992 窟前采：0307

4. 通肩类 Bb 型石雕千佛 1992 窟前采：0310

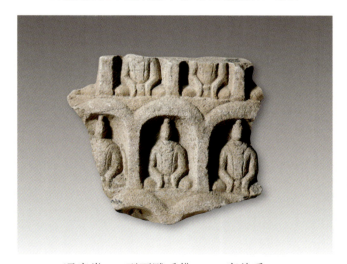

5. 通肩类 Bb 型石雕千佛 1992 窟前采：0313

6. 通肩类 Bb 型石雕千佛 1992 窟前采：0321

彩版四三五　第 14 ～ 20 窟前采集北魏时期通肩类 Bb 型石雕千佛

1. 通肩类 Bb 型石雕千佛 1992 窟前采: 0322

2. 通肩类 Bb 型石雕千佛 1992 窟前采: 0323

3. 通肩类 Bb 型石雕千佛 1992 窟前采: 0329

4. 通肩类 Bb 型石雕千佛 1992 窟前采: 0335

5. 通肩类 Bb 型石雕千佛 1992 窟前采: 0336

6. 通肩类 Bb 型石雕千佛 1992 窟前采: 0338

彩版四三六　第 14 ～ 20 窟前采集北魏时期通肩类 Bb 型石雕千佛

1. 通肩类 Bb 型石雕千佛 1992 窟前采: 0357

2. 通肩类 Bb 型石雕千佛 1992 窟前采: 0361

3. 通肩类 Bb 型石雕千佛 1992 窟前采: 0366

4. 通肩类 Bb 型石雕千佛 1992 窟前采: 0371

5. 通肩类 Bb 型石雕千佛 1992 窟前采: 0391+0499

6. 通肩类 Bb 型石雕千佛 1992 窟前采: 0392

彩版四三七　第 14 ～ 20 窟前采集北魏时期通肩类 Bb 型石雕千佛

1. 通肩类 Bb 型石雕千佛 1992 窟前采：0393

2. 通肩类 Bb 型石雕千佛 1992 窟前采：0394

3. 通肩类 Bb 型石雕千佛 1992 窟前采：0402

4. 通肩类 Bb 型石雕千佛 1992 窟前采：0404

5. 通肩类 Bb 型石雕千佛 1992 窟前采：0406

6. 通肩类 Bb 型石雕千佛 1992 窟前采：0413

彩版四三八　第 14 ～ 20 窟前采集北魏时期通肩类 Bb 型石雕千佛

1. 通肩类 Bb 型石雕千佛 1992 窟前采: 0414

2. 通肩类 Bb 型石雕千佛 1992 窟前采: 0423

3. 通肩类 Bb 型石雕千佛 1992 窟前采: 0427

4. 通肩类 Bb 型石雕千佛 1992 窟前采: 0443（左侧）

5. 通肩类 Bb 型石雕千佛 1992 窟前采: 0443（右侧）

6. 通肩类 Bb 型石雕千佛 1992 窟前采: 0443（转角）

彩版四三九　第 14 ～ 20 窟前采集北魏时期通肩类 Bb 型石雕千佛

1. 通肩类 Bb 型石雕千佛 1992 窟前采：0434

2. 通肩类 Bb 型石雕千佛 1992 窟前采：0446

3. 通肩类 Bb 型石雕千佛 1992 窟前采：0461

4. 通肩类 Bb 型石雕千佛 1992 窟前采：0462

5. 通肩类 Bb 型石雕千佛 1992 窟前采：0464

6. 通肩类 Bb 型石雕千佛 1992 窟前采：0479

彩版四四〇　第 14 ～ 20 窟前采集北魏时期通肩类 Bb 型石雕千佛

1. 通肩类 Bb 型石雕千佛 1992 窟前采: 0481-1+0481-2

2. 通肩类 Bb 型石雕千佛 1992 窟前采: 0482-1

3. 通肩类 Bb 型石雕千佛 1992 窟前采: 0482-2

4. 通肩类 Bb 型石雕千佛 1992 窟前采: 0484

5. 通肩类 Bb 型石雕千佛 1992 窟前采: 0485

6. 通肩类 Bb 型石雕千佛 1992 窟前采: 0496

彩版四四一　第 14 ～ 20 窟前采集北魏时期通肩类 Bb 型石雕千佛

1. 通肩类 Bb 型石雕千佛 1992 窟前采: 0520

2. 通肩类 Bb 型石雕千佛 1992 窟前采: 0529+0530

3. 通肩类 Bb 型石雕千佛 1992 窟前采: 0546+0597

4. 通肩类 Bb 型石雕千佛 1992 窟前采: 0547

5. 通肩类 Bb 型石雕千佛 1992 窟前采: 0556

6. 通肩类 Bb 型石雕千佛 1992 窟前采: 0564

彩版四四二　第 14 ～ 20 窟前采集北魏时期通肩类 Bb 型石雕千佛

1. 通肩类 Bb 型石雕千佛 1992 窟前采：0577

2. 通肩类 Bb 型石雕千佛 1992 窟前采：0582

3. 通肩类 Bb 型石雕千佛 1992 窟前采：0592

4. 通肩类 Bb 型石雕千佛 1992 窟前采：0593

5. 通肩类 Bb 型石雕千佛 1992 窟前采：0594

6. 通肩类 Bb 型石雕千佛 1992 窟前采：0595

彩版四四三　第 14 ～ 20 窟前采集北魏时期通肩类 Bb 型石雕千佛

1. 通肩类 Bb 型石雕千佛 1992 窟前采: 0604

2. 通肩类 Bb 型石雕千佛 1992 窟前采: 0625

3. 通肩类 Bb 型石雕千佛 1992 窟前采: 0630

4. 通肩类 Bb 型石雕千佛 1992 窟前采: 0631

5. 通肩类 Bb 型石雕千佛 1992 窟前采: 0641

6. 通肩类 Bb 型石雕千佛 1992 窟前采: 0685

彩版四四四　第 14 ～ 20 窟前采集北魏时期通肩类 Bb 型石雕千佛

1. 通肩类 Bb 型石雕千佛 1992 窟前采: 0689

2. 通肩类 Bb 型石雕千佛 1992 窟前采: 0697

3. 通肩类 Bb 型石雕千佛 1992 窟前采: 0746

4. 通肩类 Bb 型石雕千佛 1992 窟前采: 0747

5. 通肩类 Bb 型石雕千佛 1992 窟前采: 0760

6. 通肩类 Bb 型石雕千佛 1992 窟前采: 0796

彩版四四五　第 14 ～ 20 窟前采集北魏时期通肩类 Bb 型石雕千佛

1. 通肩类 Bb 型石雕千佛 1992 窟前采：0804

2. 通肩类 Bb 型石雕千佛 1992 窟前采：0834

3. 通肩类 Bb 型石雕千佛 1992 窟前采：0835

4. 通肩类 Bb 型石雕千佛 1992 窟前采：0848

5. 通肩类 Bb 型石雕千佛 1992 窟前采：0849

6. 通肩类 Bb 型石雕千佛 1992 窟前采：0855

彩版四四六　第 14 ～ 20 窟前采集北魏时期通肩类 Bb 型石雕千佛

1. 通肩类 Bb 型石雕千佛 1992 窟前采: 0858

2. 通肩类 Bb 型石雕千佛 1992 窟前采: 0859

3. 通肩类 Bb 型石雕千佛 1992 窟前采: 0863

4. 通肩类 Bb 型石雕千佛 1992 窟前采: 0866

5. 通肩类 Bb 型石雕千佛 1992 窟前采: 0869

6. 通肩类 Bb 型石雕千佛 1992 窟前采: 0872

彩版四四七　第 14 ～ 20 窟前采集北魏时期通肩类 Bb 型石雕千佛

1. 通肩类 Bb 型石雕千佛 1992 窟前采：0901

2. 通肩类 Bb 型石雕千佛 1992 窟前采：0902

3. 通肩类 Bb 型石雕千佛 1992 窟前采：0907

4. 通肩类 Bb 型石雕千佛 1992 窟前采：0909

5. 通肩类 Bb 型石雕千佛 1992 窟前采：0913

6. 通肩类 Bb 型石雕千佛 1992 窟前采：0914

彩版四四八　第 14 ～ 20 窟前采集北魏时期通肩类 Bb 型石雕千佛

1. 通肩类 Bb 型石雕千佛 1992 窟前采：0918

2. 通肩类 Bb 型石雕千佛 1992 窟前采：0920

3. 通肩类 Bb 型石雕千佛 1992 窟前采：0921

4. 通肩类 Bb 型石雕千佛 1992 窟前采：0922

5. 通肩类 Bb 型石雕千佛 1992 窟前采：0924

6. 通肩类 Bb 型石雕千佛 1992 窟前采：0925

彩版四四九　第 14 ～ 20 窟前采集北魏时期通肩类 Bb 型石雕千佛

1. 通肩类 Bb 型石雕千佛 1992 窟前采：0926

2. 通肩类 Bb 型石雕千佛 1992 窟前采：1124

3. 通肩类 Bb 型石雕千佛 1992 窟前采：0068

4. 通肩类 Bb 型石雕千佛 1992 窟前采：0303

5. 通肩类 Bb 型石雕千佛 1992 窟前采：0757

彩版四五〇　第 14 ～ 20 窟前采集北魏时期通肩类 Bb 型石雕千佛

1. 通肩类 Bb 型石雕千佛 1992 窟前采：0019

2. 通肩类 Bb 型石雕千佛 1992 窟前采：0031

3. 通肩类 Bb 型石雕千佛 1992 窟前采：0064

4. 通肩类 Bb 型石雕千佛 1992 窟前采：0131

5. 通肩类 Bb 型石雕千佛 1992 窟前采：0138

6. 通肩类 Bb 型石雕千佛 1992 窟前采：0183

彩版四五一　第 14 ～ 20 窟前采集北魏时期通肩类 Bb 型石雕千佛

1. 通肩类 Bb 型石雕千佛 1992 窟前采：0184

2. 通肩类 Bb 型石雕千佛 1992 窟前采：0190

3. 通肩类 Bb 型石雕千佛 1992 窟前采：0206

4. 通肩类 Bb 型石雕千佛 1992 窟前采：0212

5. 通肩类 Bb 型石雕千佛 1992 窟前采：0218

6. 通肩类 Bb 型石雕千佛 1992 窟前采：0219

彩版四五二　第 14 ～ 20 窟前采集北魏时期通肩类 Bb 型石雕千佛

1. 通肩类 Bb 型石雕千佛 1992 窟前采: 0244

2. 通肩类 Bb 型石雕千佛 1992 窟前采: 0326

3. 通肩类 Bb 型石雕千佛 1992 窟前采: 0349

4. 通肩类 Bb 型石雕千佛 1992 窟前采: 0369

5. 通肩类 Bb 型石雕千佛 1992 窟前采: 0370

6. 通肩类 Bb 型石雕千佛 1992 窟前采: 0384

彩版四五三　第 14 ～ 20 窟前采集北魏时期通肩类 Bb 型石雕千佛

1. 通肩类 Bb 型石雕千佛 1992 窟前采：0416

2. 通肩类 Bb 型石雕千佛 1992 窟前采：0420

3. 通肩类 Bb 型石雕千佛 1992 窟前采：0450

4. 通肩类 Bb 型石雕千佛 1992 窟前采：0476

5. 通肩类 Bb 型石雕千佛 1992 窟前采：0492

6. 通肩类 Bb 型石雕千佛 1992 窟前采：0494

彩版四五四　第 14 ～ 20 窟前采集北魏时期通肩类 Bb 型石雕千佛

1. 通肩类 Bb 型石雕千佛 1992 窟前采：0507

2. 通肩类 Bb 型石雕千佛 1992 窟前采：0544

3. 通肩类 Bb 型石雕千佛 1992 窟前采：0550

4. 通肩类 Bb 型石雕千佛 1992 窟前采：0571

5. 通肩类 Bb 型石雕千佛 1992 窟前采：0660

6. 通肩类 Bb 型石雕千佛 1992 窟前采：0714

彩版四五五　第 14～20 窟前采集北魏时期通肩类 Bb 型石雕千佛

1. 通肩类 Bb 型石雕千佛 1992 窟前采：0703（右侧）

2. 通肩类 Bb 型石雕千佛 1992 窟前采：0703（转角）

3. 通肩类 Bb 型石雕千佛 1992 窟前采：0703（左侧）

4. 通肩类 Bb 型石雕千佛 1992 窟前采：0756

5. 通肩类 Bb 型石雕千佛 1992 窟前采：0824

6. 通肩类 Bb 型石雕千佛 1992 窟前采：0836

彩版四五六　第 14 ～ 20 窟前采集北魏时期通肩类 Bb 型石雕千佛

1. 通肩类 Bc 型石雕千佛 1992T105 ② : 30

2. 通肩类 Bc 型石雕千佛 1992T407 ③ A : 8

3. 通肩类 Bc 型石雕千佛 1992T503 ③ A : 7

4. 通肩类 Bc 型石雕千佛 1992T503 ④ A : 17

5. 通肩类 Bc 型石雕千佛 1992T507 ③ A : 8

6. 通肩类 Bc 型石雕千佛 1992T601 ③ A : 10

彩版四五七　第 14 ～ 20 窟前地层出土北魏时期通肩类 Bc 型石雕千佛

1. 通肩类 Bc 型石雕千佛 1992T601 副方④ A：2

2. 通肩类 Bc 型石雕千佛 1992T601 副方④ A：3

3. 通肩类 Bc 型石雕千佛 1992T601 副方④ A：4

4. 通肩类 Bc 型石雕千佛 1992T601 副方④ A：5

5. 通肩类 Bc 型石雕千佛 1992T601 副方④ A：7

6. 通肩类 Bc 型石雕千佛 1992T601 副方④ A：8

彩版四五八　第 14 ～ 20 窟前地层出土北魏时期通肩类 Bc 型石雕千佛

1. 通肩类 Bc 型石雕千佛 1992T601 副方④ A：9

2. 通肩类 Bc 型石雕千佛 1992T601 副方④ A：10

3. 通肩类 Bc 型石雕千佛 1992T601 副方④ A：11

4. 通肩类 Bc 型石雕千佛 1992T601 副方④ A：12

5. 通肩类 Bc 型石雕千佛 1992T601 副方④ A：13

6. 通肩类 Bc 型石雕千佛 1992T601 副方④ A：14

彩版四五九　第 14 ～ 20 窟前地层出土北魏时期通肩类 Bc 型石雕千佛

1. 通肩类 Bc 型石雕千佛 1992T602 ③ A：7

2. 通肩类 Bc 型石雕千佛 1992T602 ③ A：8

3. 通肩类 Bc 型石雕千佛 1992T602 ④ A：7

4. 通肩类 Bc 型石雕千佛 1992T602 副方④ A：18

5. 通肩类 Bc 型石雕千佛 1992T602 副方④ A：19

6. 通肩类 Bc 型石雕千佛 1992T602 副方④ A：24

彩版四六〇　第 14 ～ 20 窟前地层出土北魏时期通肩类 Bc 型石雕千佛

1. 通肩类 Bc 型石雕千佛 1992T602 副方④ A：25

2. 通肩类 Bc 型石雕千佛 1992T602 副方④ A：26

3. 通肩类 Bc 型石雕千佛 1992T602 副方④ A：27

4. 通肩类 Bc 型石雕千佛 1992T602 副方④ A：28

5. 通肩类 Bc 型石雕千佛 1992T602 副方④ A：29

6. 通肩类 Bc 型石雕千佛 1992T602 副方④ A：34

彩版四六一　第 14 ～ 20 窟前地层出土北魏时期通肩类 Bc 型石雕千佛

1. 通肩类 Bc 型石雕千佛 1992T602 副方④ A：35

2. 通肩类 Bc 型石雕千佛 1992T602 副方④ A：36

3. 通肩类 Bc 型石雕千佛 1992T602 副方④ A：38

4. 通肩类 Bc 型石雕千佛 1992T602 副方④ A：41

5. 通肩类 Bc 型石雕千佛 1992T602 副方④ A：42

6. 通肩类 Bc 型石雕千佛 1992T602 副方④ A：44

彩版四六二　第 14 ～ 20 窟前地层出土北魏时期通肩类 Bc 型石雕千佛

1. 通肩类 Bc 型石雕千佛 1992T602 副方④ A：45

2. 通肩类 Bc 型石雕千佛 1992T602 副方④ A：49

3. 通肩类 Bc 型石雕千佛 1992T602 副方④ A：53

4. 通肩类 Bc 型石雕千佛 1992 窟前采：0054

5. 通肩类 Bc 型石雕千佛 1992 窟前采：0072

6. 通肩类 Bc 型石雕千佛 1992 窟前采：0089

彩版四六三　第 14 ～ 20 窟前地层出土、采集北魏时期通肩类 Bc 型石雕千佛

1. 通肩类 Bc 型石雕千佛 1992 窟前采：0102

2. 通肩类 Bc 型石雕千佛 1992 窟前采：0120

3. 通肩类 Bc 型石雕千佛 1992 窟前采：0141

4. 通肩类 Bc 型石雕千佛 1992 窟前采：0145

5. 通肩类 Bc 型石雕千佛 1992 窟前采：0154

6. 通肩类 Bc 型石雕千佛 1992 窟前采：0170

彩版四六四　第 14 ～ 20 窟前采集北魏时期通肩类 Bc 型石雕千佛

1. 通肩类 Bc 型石雕千佛 1992 窟前采: 0172

2. 通肩类 Bc 型石雕千佛 1992 窟前采: 0188

3. 通肩类 Bc 型石雕千佛 1992 窟前采: 0209

4. 通肩类 Bc 型石雕千佛 1992 窟前采: 0220

5. 通肩类 Bc 型石雕千佛 1992 窟前采: 0377

6. 通肩类 Bc 型石雕千佛 1992 窟前采: 0432

彩版四六五　第 14 ～ 20 窟前采集北魏时期通肩类 Bc 型石雕千佛

1. 通肩类 Bc 型石雕千佛 1992 窟前采：0466

2. 通肩类 Bc 型石雕千佛 1992 窟前采：0508

3. 通肩类 Bc 型石雕千佛 1992 窟前采：0524

4. 通肩类 Bc 型石雕千佛 1992 窟前采：0568

5. 通肩类 Bc 型石雕千佛 1992 窟前采：0587

6. 通肩类 Bc 型石雕千佛 1992 窟前采：0603

彩版四六六　第 14 ～ 20 窟前采集北魏时期通肩类 Bc 型石雕千佛

1. 通肩类 Bc 型石雕千佛 1992 窟前采：0688

2. 通肩类 Bc 型石雕千佛 2007 窟前采：0721

3. 通肩类 Bc 型石雕千佛 1992 窟前采：0838

4. 通肩类 Bc 型石雕千佛 1992 窟前采：0845

5. 通肩类 Bc 型石雕千佛 1992 窟前采：0850

6. 通肩类 Bc 型石雕千佛 1992 窟前采：0854

彩版四六七　第 14 ～ 20 窟前采集北魏时期通肩类 Bc 型石雕千佛

1. 通肩类 Bc 型石雕千佛 1992 窟前采：0903

2. 通肩类 Bc 型石雕千佛 1992 窟前采：0904

3. 通肩类 Bc 型石雕千佛 1992 窟前采：0906

4. 通肩类 Bc 型石雕千佛 1992 窟前采：0908

5. 通肩类 Bc 型石雕千佛 1992 窟前采：0910

6. 通肩类 Bc 型石雕千佛 1992 窟前采：0911

彩版四六八　第 14 ～ 20 窟前采集北魏时期通肩类 Bc 型石雕千佛

1. 通肩类 Bd 型石雕千佛 1992T501 ④ A：75

2. 通肩类 Bd 型石雕千佛 1992T501 ④ A：76

3. 通肩类 Bd 型石雕千佛 1992T503 ④ A：16

4. 通肩类 Bd 型石雕千佛 1992T602 副方④ A：20

5. 通肩类 Bd 型石雕千佛 1992T602 副方④ A：21

6. 通肩类 Bd 型石雕千佛 1992T602 副方④ A：46

彩版四六九　第 14 ～ 20 窟前地层出土北魏时期通肩类 Bd 型石雕千佛

1. 通肩类 Bd 型石雕千佛 1992T602 副方④ A：50

2. 通肩类 Bd 型石雕千佛 1992T602 副方④ A：51

3. 通肩类 Bd 型石雕千佛 1992 窟前采：0912

4. 通肩类 B 型石雕千佛 1992T503 ④ A：21

5. 通肩类 B 型石雕千佛 1992 窟前采：0140

6. 通肩类 B 型石雕千佛 1992 窟前采：0185

彩版四七〇　第 14 ～ 20 窟前地层出土、采集北魏时期通肩类 Bd 型、B 型石雕千佛

1. 通肩类 B 型石雕千佛 1992 窟前采：0655（左侧）

2. 通肩类 B 型石雕千佛 1992 窟前采：0655（转角）

3. 通肩类 B 型石雕千佛 1992 窟前采：0655（右侧）

4. 通肩类 B 型石雕千佛 1992 窟前采：0229（正面）

5. 通肩类 B 型石雕千佛 1992 窟前采：0229（侧面）

6. 通肩类 B 型石雕千佛 1992 窟前采：0483

彩版四七一　第 14 ～ 20 窟前采集北魏时期通肩类 B 型石雕千佛

1. 通肩类 B 型石雕千佛 1992 窟前采：0600

2. 通肩类 B 型石雕千佛 1992 窟前采：0654

3. 通肩类 B 型石雕千佛 1992 窟前采：0702（右侧）

4. 通肩类石雕千佛 1992T110 ②：25

5. 通肩类石雕千佛 1992T402 ③ A：2

6. 通肩类石雕千佛 1992T404 ③ A：8

彩版四七二　第 14 ～ 20 窟前地层出土、采集北魏时期通肩类石雕千佛

1. 通肩类石雕千佛 1992T404 ③ A：19

2. 通肩类石雕千佛 1992T407 ③ A：7

3. 通肩类石雕千佛 1992T409 ②：21

4. 通肩类石雕千佛 1992T507 ③ A：1

5. 通肩类石雕千佛 1992T601 ③ A：12

彩版四七三　第 14 ～ 20 窟前地层出土北魏时期通肩类石雕千佛

1. 通肩类石雕千佛 1991 窟前采：81

2. 通肩类石雕千佛 1992 窟前采：0004

3. 通肩类石雕千佛 1992 窟前采：0078

4. 通肩类石雕千佛 1992 窟前采：0099

5. 通肩类石雕千佛 1992 窟前采：0118

6. 通肩类石雕千佛 1992 窟前采：0123

彩版四七四　第 14 ～ 20 窟前采集北魏时期通肩类石雕千佛

1. 通肩类石雕千佛 1992 窟前采：0149

2. 通肩类石雕千佛 1992 窟前采：0204-1

3. 通肩类石雕千佛 1992 窟前采：0204-2

4. 通肩类石雕千佛 1992 窟前采：0204-3

5. 通肩类石雕千佛 1992 窟前采：0208

6. 通肩类石雕千佛 1992 窟前采：0214

彩版四七五　第 14 ～ 20 窟前采集北魏时期通肩类石雕千佛

1. 通肩类石雕千佛 1992 窟前采: 0235

2. 通肩类石雕千佛 1992 窟前采: 0255

3. 通肩类石雕千佛 1992 窟前采: 0264

4. 通肩类石雕千佛 1992 窟前采: 0273

5. 通肩类石雕千佛 1992 窟前采: 0279

6. 通肩类石雕千佛 1992 窟前采: 0282

彩版四七六　第 14 ～ 20 窟前采集北魏时期通肩类石雕千佛

1. 通肩类石雕千佛 1992 窟前采: 0295

2. 通肩类石雕千佛 1992 窟前采: 0312

3. 通肩类石雕千佛 1992 窟前采: 0367

4. 通肩类石雕千佛 1992 窟前采: 0374

5. 通肩类石雕千佛 1992 窟前采: 0395

6. 通肩类石雕千佛 1992 窟前采: 0415

彩版四七七　第 14 ～ 20 窟前采集北魏时期通肩类石雕千佛

1. 通肩类石雕千佛 1992 窟前采: 0429

2. 通肩类石雕千佛 1992 窟前采: 0445

3. 通肩类石雕千佛 1992 窟前采: 0467

4. 通肩类石雕千佛 1992 窟前采: 0475

5. 通肩类石雕千佛 1992 窟前采: 0478

6. 通肩类石雕千佛 1992 窟前采: 0500-1

彩版四七八　第 14 ～ 20 窟前采集北魏时期通肩类石雕千佛

1. 通肩类石雕千佛 1992 窟前采：0500-2

2. 通肩类石雕千佛 1992 窟前采：0525

3. 通肩类石雕千佛 1992 窟前采：0560

4. 通肩类石雕千佛 1992 窟前采：0609

5. 通肩类石雕千佛 1992 窟前采：0627

6. 通肩类石雕千佛 1992 窟前采：0656

彩版四七九　第 14 ～ 20 窟前采集北魏时期通肩类石雕千佛

1. 通肩类石雕千佛 1992 窟前采: 0696

2. 通肩类石雕千佛 1992 窟前采: 0718

3. 通肩类石雕千佛 1992 窟前采: 0837

4. 通肩类石雕千佛 1992 窟前采: 0862

5. 通肩类石雕千佛 1992 窟前采: 1123

6. 通肩类石雕千佛 1992 窟前采: 1125

彩版四八〇　第 14 ～ 20 窟前采集北魏时期通肩类石雕千佛

1. 披遮右肩类石雕千佛 1992T415 ④ A：10

2. 披遮右肩类石雕千佛 1992T503 ④ A：22

3. 披遮右肩类石雕千佛 1992T506 ③ A：7

4. 披遮右肩类石雕千佛 1992T601 ③ A：16

5. 披遮右肩类石雕千佛 1991 窟前采：41

6. 披遮右肩类石雕千佛 1992 窟前采：0043

彩版四八一　第 14 ～ 20 窟前地层出土、采集北魏时期披遮右肩类石雕千佛

1. 披遮右肩类石雕千佛 1992 窟前采：0050

2. 披遮右肩类石雕千佛 1992 窟前采：0055

3. 披遮右肩类石雕千佛 1992 窟前采：0265

4. 披遮右肩类石雕千佛 1992 窟前采：0270

5. 披遮右肩类石雕千佛 1992 窟前采：0309

6. 披遮右肩类石雕千佛 1992 窟前采：0407

彩版四八二　第 14 ～ 20 窟前采集北魏时期披遮右肩类石雕千佛

1. 披遮右肩类石雕千佛 1992 窟前采：0470

2. 披遮右肩类石雕千佛 1992 窟前采：0471

3. 披遮右肩类石雕千佛 1992 窟前采：0602

4. 披遮右肩类石雕千佛 1992 窟前采：0619

5. 披遮右肩类石雕千佛 1992 窟前采：0624

6. 披遮右肩类石雕千佛 1992 窟前采：0659

彩版四八三　第 14 ～ 20 窟前采集北魏时期披遮右肩类石雕千佛

1. 披遮右肩类石雕千佛 1992 窟前采：0684　　　　　　2. 披遮右肩类石雕千佛 1992 窟前采：0693

3. 披遮右肩类石雕千佛 1992 窟前采：0928　　　　　　4. 披遮右肩类石雕千佛 1992 窟前采：0929

5. 披遮右肩类石雕千佛 1992 窟前采：0930　　　　　　6. 披遮右肩类石雕千佛 1992 窟前采：0931

彩版四八四　第 14 ～ 20 窟前采集北魏时期披遮右肩类石雕千佛

1. 通肩类 A 型 + 披遮右肩类组合石雕千佛
1992T601 ③ A：18（右侧）

2. 通肩类 A 型 + 披遮右肩类组合石雕千佛
1992T601 ③ A：18（左侧）

3. 通肩类 A 型 + 披遮右肩类组合石雕千佛
1992T601 ③ A：18（转角）

4. 通肩类 Bb 型 + 披遮右肩类组合石雕千佛
1992T505 ④ A：13+T506 ③ A：8

5. 通肩类 Bb 型 + 披遮右肩类组合石雕千佛
1992 窟前采：0009

6. 通肩类 Bb 型 + 披遮右肩类组合石雕千佛
1992 窟前采：0023

彩版四八五　第 14 ～ 20 窟前地层出土、采集北魏时期衣纹组合石雕千佛

1. 通肩类 Bb 型 + 披遮右肩类组合石雕千佛
1992 窟前采：0024

2. 通肩类 Bb 型 + 披遮右肩类组合石雕千佛
1992 窟前采：0046-1

3. 通肩类 Bb 型 + 披遮右肩类组合石雕千佛
1992 窟前采：0047

4. 通肩类 Bb 型 + 披遮右肩类组合石雕千佛
1992 窟前采：0049

5. 通肩类 Bb 型 + 披遮右肩类组合石雕千佛
1992 窟前采：0067

6. 通肩类 Bb 型 + 披遮右肩类组合石雕千佛
1992 窟前采：0137

彩版四八六　第 14 ～ 20 窟前采集北魏时期衣纹组合石雕千佛

1. 通肩类 Bb 型 + 披遮右肩类组合石雕千佛 1992 窟前采: 0061

2. 通肩类 Bb 型 + 披遮右肩类组合石雕千佛 1992 窟前采: 0069+0040

3. 通肩类 Bb 型 + 披遮右肩类组合石雕千佛 1992 窟前采: 0397

彩版四八七　第 14 ～ 20 窟前采集北魏时期衣纹组合石雕千佛

1. 通肩类 Bb 型 + 披遮右肩类组合石雕千佛 1992 窟前采：0314

2. 通肩 A 型 +B 型组合石雕千佛 1992 窟前采：0008

彩版四八八　第 14 ～ 20 窟前采集北魏时期衣纹组合石雕千佛

1. 通肩类 Bb 型 + 披遮右肩类组合石雕千佛
1992 窟前采：0409

2. 通肩类 Bb 型 + 披遮右肩类组合石雕千佛
1992 窟前采：0422（右侧）

3. 通肩类 Bb 型 + 披遮右肩类组合石雕千佛
1992 窟前采：0422（左侧）

4. 通肩类 Bb 型 + 披遮右肩类组合石雕千佛
1992 窟前采：0452

5. 通肩类 Bb 型 + 披遮右肩类组合石雕千佛
2007 窟前采：0758

6. 通肩类 Bb 型 + 披遮右肩类组合石雕千佛
1992 窟前采：0842

彩版四八九　第 14 ～ 20 窟前采集北魏时期衣纹组合石雕千佛

1. 衣纹不明石雕千佛头部 1992T506 ④ A：6

2. 衣纹不明石雕千佛头部 1992T507 ④ A：1

3. 衣纹不明石雕千佛头部 1992T507 ④ A：2

4. 衣纹不明石雕千佛头部 1992T508 ②：4

5. 衣纹不明石雕千佛头部 1992T601 ④ A：1

6. 衣纹不明石雕千佛头部 1992T601 ④ A：2

彩版四九〇 第 14 ～ 20 窟前地层出土北魏时期衣纹不明石雕千佛头部

1. 衣纹不明石雕千佛头部 1992T602 ③ A：6

2. 衣纹不明石雕千佛头部 1992T602 ④ A：10

3. 衣纹不明石雕千佛头部 1992T602 ④ A：11

4. 衣纹不明石雕千佛头部 1992T602 ④ A：12

5. 衣纹不明石雕千佛头部 1992T602 ④ A：13

6. 衣纹不明石雕千佛头部 1992T602 ④ A：137

彩版四九一　　第 14～20 窟前地层出土北魏时期衣纹不明石雕千佛头部

1. 衣纹不明石雕千佛头部 1992T602 ④ A：138

2. 衣纹不明石雕千佛头部 1992T602 ④ A：139

3. 衣纹不明石雕千佛头部 1992T602 ④ A：140

4. 衣纹不明石雕千佛头部 1992T602 ④ A：141

5. 衣纹不明石雕千佛头部 1992T602 ④ A：142

6. 衣纹不明石雕千佛头部 1992T602 ④ A：144

彩版四九二　第 14 ～ 20 窟前地层出土北魏时期衣纹不明石雕千佛头部

1. 衣纹不明石雕千佛头部 1992T602 ④ A：146

2. 衣纹不明石雕千佛头部 1992T602 副方④ A：101

3. 衣纹不明石雕千佛头部 1992T602 副方④ A：102 ～ 139

4. 衣纹不明石雕千佛头部 1991 窟前采：45

5. 衣纹不明石雕千佛头部 1991 窟前采：48

6. 衣纹不明石雕千佛头部 1991 窟前采：80

彩版四九三　第 14 ～ 20 窟前地层出土、采集北魏时期衣纹不明石雕千佛头部

1. 衣纹不明石雕千佛龛楣 1992T403 ③ A：13

2. 衣纹不明石雕千佛龛楣 1992T601 ③ A：22+23

3. 衣纹不明石雕千佛龛楣 1992T601 副方④ A：1

4. 衣纹不明石雕千佛龛楣 1992T601 副方④ A：39

5. 衣纹不明石雕千佛龛楣 1992T602 ③ A：3

6. 衣纹不明石雕千佛龛楣 1992T602 ③ A：4

彩版四九四　第 14 ～ 20 窟前地层出土北魏时期衣纹不明石雕千佛龛楣

1. 衣纹不明石雕千佛龛楣 1992 窟前采：0125

2. 衣纹不明石雕千佛龛楣 1992 窟前采：0127

3. 衣纹不明石雕千佛龛楣 1992 窟前采：0311

4. 衣纹不明石雕千佛龛楣 1992 窟前采：0351

5. 衣纹不明石雕千佛龛楣 1992 窟前采：0396

6. 衣纹不明石雕千佛龛楣 1992 窟前采：0401

彩版四九五　第 14 ～ 20 窟前采集北魏时期衣纹不明石雕千佛龛楣

1. 衣纹不明石雕千佛龛楣 1992 窟前采: 0439

2. 衣纹不明石雕千佛龛楣 1992 窟前采: 0527

3. 衣纹不明石雕千佛龛楣 1992 窟前采: 0539

4. 衣纹不明石雕千佛龛楣 1992 窟前采: 0540+0541

5. 衣纹不明石雕千佛龛楣 1992 窟前采: 0553

6. 衣纹不明石雕千佛龛楣 1992 窟前采: 0557

彩版四九六　第 14 ～ 20 窟前采集北魏时期衣纹不明石雕千佛龛楣

1. 衣纹不明石雕千佛龛楣 1992 窟前采：0578

2. 衣纹不明石雕千佛龛楣 1992 窟前采：0601

3. 衣纹不明石雕千佛龛楣 1992 窟前采：0605

4. 衣纹不明石雕千佛龛楣 1992 窟前采：0628

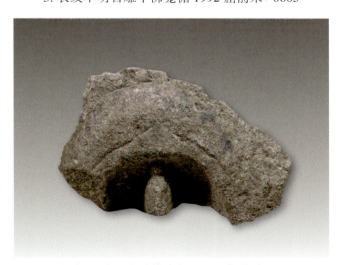

5. 衣纹不明石雕千佛龛楣 1992 窟前采：0635

6. 石雕千佛龛楣 1992 窟前采：0933 ～ 0974

彩版四九七　第 14 ～ 20 窟前采集北魏时期衣纹不明石雕千佛龛楣

1. 衣纹不明石雕千佛龛楣 1992T505 ③ A：6

2. 衣纹不明石雕千佛龛楣 1992T506 ③ A：6

3. 衣纹不明石雕千佛龛楣 1992T507 ③ A：9

4. 衣纹不明石雕千佛龛楣 1992T602 副方④ A：13（右侧）

5. 衣纹不明石雕千佛龛楣 1992T602 副方④ A：14（转角）

6. 衣纹不明石雕千佛龛楣 1992T602 副方④ A：14（左侧）

彩版四九八　第 14 ～ 20 窟前地层出土北魏时期衣纹不明石雕千佛龛楣

1. 衣纹不明石雕千佛龛楣 1992 窟前采: 0017

2. 衣纹不明石雕千佛龛楣 1992 窟前采: 0020

3. 衣纹不明石雕千佛龛楣 1992 窟前采: 0044

4. 衣纹不明石雕千佛龛楣 1992 窟前采: 0060

5. 衣纹不明石雕千佛龛楣 1992 窟前采: 0080

6. 衣纹不明石雕千佛龛楣 1992 窟前采: 0092

彩版四九九　第 14 ～ 20 窟前采集北魏时期衣纹不明石雕千佛龛楣

1. 衣纹不明石雕千佛龛楣 1992 窟前采: 0096

2. 衣纹不明石雕千佛龛楣 1992 窟前采: 0115

3. 衣纹不明石雕千佛龛楣 1992 窟前采: 0160

4. 衣纹不明石雕千佛龛楣 1992 窟前采: 0165

5. 衣纹不明石雕千佛龛楣 1992 窟前采: 0181

6. 衣纹不明石雕千佛龛楣 1992 窟前采: 0213

彩版五〇〇　第 14～20 窟前采集北魏时期衣纹不明石雕千佛龛楣

1. 衣纹不明石雕千佛龛楣 1992 窟前采：0216

2. 衣纹不明石雕千佛龛楣 1992 窟前采：0230

3. 衣纹不明石雕千佛龛楣 1992 窟前采：0245

4. 衣纹不明石雕千佛龛楣 1992 窟前采：0247

5. 衣纹不明石雕千佛龛楣 1992 窟前采：0254

6. 衣纹不明石雕千佛龛楣 1992 窟前采：0256

彩版五○一　第 14 ～ 20 窟前采集北魏时期衣纹不明石雕千佛龛楣

1. 衣纹不明石雕千佛龛楣 1992 窟前采：0276

2. 衣纹不明石雕千佛龛楣 1992 窟前采：0300

3. 衣纹不明石雕千佛龛楣 1992 窟前采：0304

4. 衣纹不明石雕千佛龛楣 1992 窟前采：0315

5. 衣纹不明石雕千佛龛楣 1992 窟前采：0332

6. 衣纹不明石雕千佛龛楣 1992 窟前采：0337

彩版五〇二　第 14～20 窟前采集北魏时期衣纹不明石雕千佛龛楣

1. 衣纹不明石雕千佛龛楣 1992 窟前采: 0350

2. 衣纹不明石雕千佛龛楣 1992 窟前采: 0360

3. 衣纹不明石雕千佛龛楣 1992 窟前采: 0364

4. 衣纹不明石雕千佛龛楣 1992 窟前采: 0388

5. 衣纹不明石雕千佛龛楣 1992 窟前采: 0549+0552

6. 衣纹不明石雕千佛龛楣 1992 窟前采: 0551

彩版五〇三　第 14 ～ 20 窟前采集北魏时期衣纹不明石雕千佛龛楣

1. 衣纹不明石雕千佛龛楣 1992 窟前采: 0683

2. 衣纹不明石雕千佛龛楣 1992 窟前采: 0699

3. 衣纹不明石雕千佛龛楣 1992 窟前采: 0700

4. 衣纹不明石雕千佛龛楣 1992 窟前采: 0710

5. 衣纹不明石雕千佛龛楣 1992 窟前采: 0753

6. 衣纹不明石雕千佛龛楣 1992 窟前采: 0847

彩版五〇四　第 14 ～ 20 窟前采集北魏时期衣纹不明石雕千佛龛楣

1. 石雕千佛龛柱 1992T602 ④ A：1

2. 石雕千佛龛柱 1992T602 副方④ A：60

3. 石雕千佛龛柱 1992T602 副方④ A：62

4. 石雕千佛龛柱 1992T602 副方④ A：63

5. 石雕千佛龛柱 1992 窟前采：0995 ～ 1039

彩版五〇五　第 14 ～ 20 窟前地层出土、采集北魏时期衣纹不明石雕千佛龛柱

1. 衣纹不明石雕千佛 1992T109 ②: 6

2. 衣纹不明石雕千佛 1992T110 ②: 26

3. 衣纹不明石雕千佛 1992T503 ③ A: 10

4. 衣纹不明石雕千佛 1992T504 ③ A: 5

5. 衣纹不明石雕千佛 1992T506 ④ A: 7

6. 衣纹不明石雕千佛 1992T601 ③ A: 14

彩版五〇六　第 14 ～ 20 窟前地层出土北魏时期衣纹不明石雕千佛

1. 衣纹不明石雕千佛 1992T602 副方④ A：54

2. 衣纹不明石雕千佛 1992T602 副方④ A：64

3. 衣纹不明石雕千佛 1992T602 副方④ A：65

4. 衣纹不明石雕千佛 1992T602 副方④ A：75

5. 衣纹不明石雕千佛 1992T602 副方④ A：82

6. 衣纹不明石雕千佛 1992T602 副方④ A：94

彩版五〇七　第 14 ～ 20 窟前地层出土北魏时期衣纹不明石雕千佛

1. 衣纹不明石雕千佛 1992 窟前采: 0003

2. 衣纹不明石雕千佛 1992 窟前采: 0039

3. 衣纹不明石雕千佛 1992 窟前采: 0076

4. 衣纹不明石雕千佛 1992 窟前采: 0100

5. 衣纹不明石雕千佛 1992 窟前采: 0379

6. 衣纹不明石雕千佛 1992 窟前采: 0380

彩版五〇八　第 14 ～ 20 窟前采集北魏时期衣纹不明石雕千佛

1. 衣纹不明石雕千佛 1992 窟前采: 0382

2. 衣纹不明石雕千佛 1992 窟前采: 0410

3. 衣纹不明石雕千佛 1992 窟前采: 0437

4. 衣纹不明石雕千佛 1992 窟前采: 0438

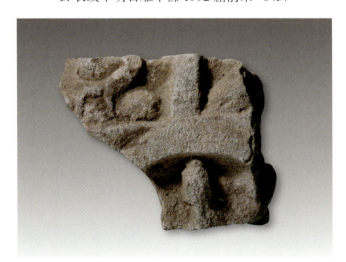

5. 衣纹不明石雕千佛 1992 窟前采: 0531

6. 衣纹不明石雕千佛 1992 窟前采: 0691

彩版五〇九　第 14 ～ 20 窟前采集北魏时期衣纹不明石雕千佛

1. 衣纹不明石雕千佛 1992 窟前采：0692

2. 衣纹不明石雕千佛 1992 窟前采：0694

3. 衣纹不明石雕千佛 1992 窟前采：0711

4. 衣纹不明石雕千佛 1992 窟前采：0722

5. 衣纹不明石雕千佛 1992 窟前采：0741

6. 衣纹不明石雕千佛 1992 窟前采：0856

彩版五一〇　第 14 ～ 20 窟前采集北魏时期衣纹不明石雕千佛

1. 圆拱佛龛 1992 窟前采：0014

2. 圆拱佛龛 1992 窟前采：0045

3. 圆拱佛龛 1992 窟前采：0298

4. 圆拱佛龛 1992 窟前采：0348

5. 圆拱佛龛 1992 窟前采：0352

6. 圆拱佛龛 1992T403 ③ A：17

彩版五一一　第 14 ～ 20 窟前地层出土、采集北魏时期石雕圆拱佛龛

1. 圆拱佛龛 1992 窟前采：0378+0712

2. 圆拱佛龛 1992 窟前采：0383

3. 圆拱佛龛 1992 窟前采：0749

4. 圆拱佛龛 1992 窟前采：0792

5. 圆拱佛龛 1992 窟前采：0798

彩版五一二　第 14 ～ 20 窟前采集北魏时期石雕圆拱佛龛

1. 圆拱佛龛 1992 窟前采: 0833

2. 圆拱佛龛 1992 窟前采: 0867

3. 圆拱佛龛 1992 窟前采: 0868

4. 圆拱佛龛 1992 窟前采: 0871

5. 圆拱佛龛 1992 窟前采: 0876

彩版五一三　第 14 ～ 20 窟前采集北魏时期石雕圆拱佛龛

1. 盝型龛 1992 窟前采：0431

2. 层塔 1992 窟前采：0486（侧面）

3. 龛柱 1992T110 ②：19

4. 龛柱 1992T401 ③ A：14

5.. 龛柱 1992T503 ④ A：2

彩版五一四　第 14 ～ 20 窟前地层出土、采集北魏时期石雕佛龛

1. 屋檐 1992T403 ③ A：6

2. 屋檐 1992T403 ③ A：8+12

3. 屋檐 1992T404 ③ A：2

4. 屋檐 1992T404 ③ A：16

5. 屋檐 1992T404 ③ A：18

6. 屋檐 1992T503 ③ A：15

彩版五一五　第 14 ～ 20 窟前地层出土北魏时期石雕建筑屋檐

1. 屋檐 1992T503 ③ A：16+1992 窟前
采：0347+0419+0430+0665（正面）

4. 屋檐 1992T503 ③ A：18

2. 屋檐 1992T503 ③ A：16+1992 窟前
采：0347+0419+0430+0665（侧面）

5. 屋檐 1992T503 ③ A：23

3. 屋檐 1992T503 ③ A：16+1992 窟前
采：0347+0419+0430+0665（底面）

6. 屋檐 1992T505 ③ A：2+1992T505 ④ A：5+1992
窟前采：0341+0521

彩版五一六　第 14 ～ 20 窟前地层出土、采集北魏时期石雕建筑屋檐

1. 屋檐 1992T505 ④ A：4+1992 窟前采：0333

2. 屋檐 1992T505 ④ A：7+12

3. 屋檐 1992 窟前采：0070+0807

4. 屋檐 1992 窟前采：0129

5. 屋檐 1992 窟前采：0135（正面）

6. 屋檐 1992 窟前采：0135（顶面）

彩版五一七　第 14 ～ 20 窟前地层出土、采集北魏时期石雕建筑屋檐

1. 屋檐 1992 窟前采: 0169+0173+0207+0277

2. 屋檐 1992 窟前采: 0171

3. 屋檐 1992 窟前采: 0179

4. 屋檐 1992 窟前采: 0274+0319+0345+0727+0821

5. 屋檐 1992 窟前采: 0192（右侧面）

6. 屋檐 1992 窟前采: 0192（左侧面）

彩版五一八　第 14 ～ 20 窟前采集北魏时期石雕建筑屋檐

1. 屋檐 1992 窟前采：0289+0363

2. 屋檐 1992 窟前采：0290+0343+0843

3. 屋檐 1992 窟前采：0354+0385

4. 屋檐 1992 窟前采：0725

5. 屋檐 1992 窟前采：0459+0460+0473+0474

6. 屋檐 1992 窟前采：0459+0460+0473+0474（底面）

彩版五一九　第 14 ～ 20 窟前采集北魏时期石雕建筑屋檐

1. 屋檐 1992 窟前采：0738

2. 屋檐 1992 窟前采：0881

3. 屋檐 1992 窟前采：0887

4. 层塔柱身龛像 1991 窟前采：56

1. 层塔柱身龛像 1992 窟前
采：0079+0114+0147+0175+0180+0205+0215（正面）

2. 层塔柱身龛像 1992 窟前
采：0079+0114+0147+0175+0180+0205+0215（侧面）

彩版五二〇　第 14 ～ 20 窟前采集北魏时期石雕建筑屋檐、层塔柱身龛像

1. 层塔柱身龛像 1992 窟前采: 0223+0224+0232

2. 束帛 1992T306 ②: 3

3. 束帛 1992 窟前采: 0472

4. 垂幔 1991 窟前采: 46

5. 垂幔 1992T509 ②: 5

6. 狮子残件 1992 窟前采: 0670

彩版五二一　第 14 ～ 20 窟前地层出土、采集北魏时期石雕层塔柱身龛像、建筑装饰

1. 龙残件 1992 窟前采：0787

2. 莲花构件 1991 窟前采：53

3. 莲花构件 1991 窟前采：76

4. 花纹雕饰 1992 窟前采：0340

5. 柱础 1992T305 ④ A：1

6. 柱础 1992 窟前采：0898

彩版五二二　第 14 ～ 20 窟前地层出土、采集北魏时期石雕建筑装饰

1. A 型陶盆口沿 1992T101 ③ B：26

2. 忍冬纹陶盆残片 1992T101 ③ B：7

3. 水波纹陶盆残片 1992T511 ③ A：1

4. 附加堆纹陶盆残片 1992T511 ③ A：2（背面）

5. 方格纹陶盆残片 1992T305 ④ A：2

6. 方格纹陶盆残片 1992T201 ③ C：5

7. 三角纹陶盆底残片
1992T111 ② A：32

8. 陶罐腹部残片 1992T111 ③ D：3

9. 陶罐底部残片 1992T409 ② A：12

彩版五二三　第 14 ～ 20 窟前地层出土北魏时期陶器

1. 陶罐腹部残片 1992T101 ③ B：9

2.Aa 型陶碗 1992T502 ④ A：10

3.Aa 型陶碗 1992T501 ④ A：1

4.Aa 型陶碗 1992T502 ④ A：2

5.Ab 型陶碗 1992T501 ④ A：2

6.Ab 型陶碗 1992T502 ④ A：1

彩版五二四　第 14 ～ 20 窟前地层出土北魏时期陶器

1.Ab 型陶碗 1992T413 ④ A：2

2.Ab 型陶碗 1992T501 ④ A：13

3.Ba 型陶碗 1992T502 ④ A：3

4.Ba 型陶碗 1992T502 ④ A：7

5.Ba 型陶碗 1992T404 ④ A：7

6.Bb 型陶碗 1992T501 ④ A：4

7.Bc 型陶碗 1992T502 ④ A：5

8. 陶钵 1992T501 ④ A：3

彩版五二五　第 14 ～ 20 窟前地层出土北魏时期陶器

1. 石刻 1992T601 ③ A：1

2. 石磨盘 1992T419 ② A：14

3. 石臼 1992T502 ④ A：95

4. 镇石 199T2602 ④ A：8

5. 石球 1992T602 ④ A：9

6. 不明石器 1992T306 ② A：3

7. 不明石器 1992T106 ①：1

8. 不明石器 1992T410 ② A：22

彩版五二六 第 14 ～ 20 窟前地层出土北魏时期石器

1. 石钵 1992T406 ③ A：1

4. 石钵 1992T404 ③ A：3

2. 石钵 1992T406 ③ A：1

5. 石钵 1992T404 ③ A：3

3. 石钵 1992T406 ③ A：1

6. 石钵 1992T404 ③ A：3

彩版五二七　第 14 ～ 20 窟前地层出土北魏时期石钵

1. 铁凿 1991 窟前采: 32

2. 铁灯碗 1991 窟前采: 14

3. 铁钉 1991 窟前采: 31

4. 不知名铁器 1991 窟前采: 33

5. 不知名铁器 1991 窟前采: 34

6. 石碑 1956 窟前采: 1

彩版五二八　第 14 ～ 20 窟前采集北魏时期铁器、石器

1. 石钵 1992 窟前采: 0755

2. 石钵 1991 窟前采: 51

3. 石磨盘 1992 窟前采: 0736

4. 石磨盘 2007 窟前采: 0734

5. 石磨盘 1992 窟前采: 0763

6. 石磨盘 1992 窟前采: 0846

彩版五二九　第 14 ～ 20 窟前采集北魏时期石器

1. 石磨盘 1992 窟前采: 0894

2. 石磨盘 2007 窟前采: 0735

3. 石臼 1992 窟前采: 0769

4. 石臼 1992 窟前采: 0891

5. 石杵 1992 窟前采: 0893

6. 磨石 1991 窟前采: 55

彩版五三〇　第 14 ~ 20 窟前采集北魏时期石器

1. 石夯 1992 窟前采: 0895

2. 石夯 1991 窟前采: 54

3. 石构件 1992 窟前采: 0733

4. 石构件 1992 窟前采: 0826

5. 石构件 1992 窟前采: 0896

6. 石构件 1992 窟前采: 0890

彩版五三一　第 14 ～ 20 窟前采集北魏时期石器

1. 佛首 2013 探沟采：129

2. 佛首 2013 探沟采：217

3. 佛首 2013 探沟采：040

4. 佛首 2013 探沟采：402

5. 佛首 2013 探沟采：412

6. 佛首 2013 探沟采：412

彩版五三二　第 12 窟前探沟采集北魏时期石雕佛首

1. 佛身 2013 探沟采：177（正面）

2. 佛身 2013 探沟采：177（背面）

3. 佛身 2013 探沟采：421

4. 佛身 2013 探沟采：171

5. 佛身 2013 探沟采：057

6. 佛身 2013 探沟采：078

彩版五三三　　第 12 窟前探沟采集北魏时期石雕佛身

1. 佛身 2013 探沟采: 116

2. 佛身 2013 探沟采: 151

3. 佛身 2013 探沟采: 136（正面）

4. 佛身 2013 探沟采: 136（背面）

5. 佛身 2013 探沟采: 167

6. 佛身 2013 探沟采: 332

彩版五三四　第 12 窟前探沟采集北魏时期石雕佛身

1. 坐佛腿部 2013 探沟采：309

2. 造像手指 2013 探沟采：126

3. 造像手指 2013 探沟采：270

4. 坐佛局部 2013 探沟采：023

5. 坐佛局部 2013 探沟采：499

6. 坐佛局部 2013 探沟采：508

彩版五三五　第 12 窟前探沟采集北魏时期石雕佛身

1. 菩萨像 2013 探沟采: 046

2. 菩萨像 2013 探沟采: 117

3. 菩萨像 2013 探沟采: 134

5. 菩萨像 2013 探沟采: 188

4. 菩萨像 2013 探沟采: 296

彩版五三六　第 12 窟前探沟采集北魏时期石雕菩萨像

1. 菩萨像 2013 探沟采：298

2. 菩萨像 2013 探沟采：315+316

3. 菩萨像 2013 探沟采：398

4. 菩萨像 2013 探沟采：514

5. 菩萨像 2013 探沟采：434

6. 菩萨像 2013 探沟采：461

彩版五三七　第 12 窟前探沟采集北魏时期石雕菩萨像

1. 弟子像 2013 探沟采: 138

2. 弟子像 2013 探沟采: 307

3. 弟子像 2013 探沟采: 361

4. 弟子像 2013 探沟采: 363

5. 弟子像 2013 探沟采: 381

彩版五三八　第 12 窟前探沟采集北魏时期石雕弟子像

1. 飞天像 2013 探沟采: 014

2. 飞天像 2013 探沟采: 064

3. 飞天像 2013 探沟采: 195

4. 飞天像 2013 探沟采: 254

5. 飞天像 2013 探沟采: 403

6. 飞天像 2013 探沟采: 503

彩版五三九　第 12 窟前探沟采集北魏时期石雕飞天像

1. 供养形象 2013 探沟采：274

2. 供养形象 2013 探沟采：506（左侧）

3. 供养形象 2013 探沟采：082

4. 供养形象 2013 探沟采：017

5. 供养形象 2013 探沟采：161

6. 供养形象 2013 探沟采：488

彩版五四〇　第 12 窟前探沟采集北魏时期石雕供养形象

1. 通肩类 A 型石雕千佛 2013 探沟采：011

2. 通肩类 A 型石雕千佛 2013 探沟采：041

3. 通肩类 A 型石雕千佛 2013 探沟采：083

4. 通肩类 A 型石雕千佛 2013 探沟采：168

5. 通肩类 A 型石雕千佛 2013 探沟采：255

6. 通肩类 A 型石雕千佛 2013 探沟采：391

彩版五四一　第 12 窟前探沟采集北魏时期通肩类 A 型石雕千佛

1. 通肩类 Ba 型石雕千佛 2013 探沟采：516

2. 通肩类 Bb 型石雕千佛 2013 探沟采：016

3. 通肩类 Bb 型石雕千佛 2013 探沟采：044

4. 通肩类 Bb 型石雕千佛 2013 探沟采：101

5. 通肩类 Bb 型石雕千佛 2013 探沟采：137

6. 通肩类 Bb 型石雕千佛 2013 探沟采：160

彩版五四二　第 12 窟前探沟采集北魏时期通肩类 B 型石雕千佛

1. 通肩类 Bb 型石雕千佛 2013 探沟采: 173

2. 通肩类 Bb 型石雕千佛 2013 探沟采: 183

3. 通肩类 Bb 型石雕千佛 2013 探沟采: 279

4. 通肩类 Bb 型石雕千佛 2013 探沟采: 285

5. 通肩类 Bb 型石雕千佛 2013 探沟采: 288

6. 通肩类 Bb 型石雕千佛 2013 探沟采: 303

彩版五四三　第 12 窟前探沟采集北魏时期通肩类 Bb 型石雕千佛

1. 通肩类 Bb 型石雕千佛 2013 探沟采：389

2. 通肩类 Bb 型石雕千佛 2013 探沟采：494

3. 通肩类 Bb 型石雕千佛 2013 探沟采：003

4. 通肩类 Bb 型石雕千佛 2013 探沟采：004

5. 通肩类 Bb 型石雕千佛 2013 探沟采：008

6. 通肩类 Bb 型石雕千佛 2013 探沟采：063

彩版五四四　第 12 窟前探沟采集北魏时期通肩类 Bb 型石雕千佛

1. 通肩类 Bc 型石雕千佛 2013 探沟采: 045

2. 通肩类 Bc 型石雕千佛 2013 探沟采: 113

3. 通肩类 Bc 型石雕千佛 2013 探沟采: 143

4. 通肩类 Bc 型石雕千佛 2013 探沟采: 281

5. 通肩类 Bc 型石雕千佛 2013 探沟采: 293

6. 通肩类 Bc 型石雕千佛 2013 探沟采: 491

彩版五四五　第 12 窟前探沟采集北魏时期通肩类 Bc 型石雕千佛

1. 通肩类石雕千佛 2013 探沟采：007

2. 通肩类石雕千佛 2013 探沟采：051

3. 通肩类石雕千佛 2013 探沟采：052

4. 通肩类石雕千佛 2013 探沟采：073

5. 通肩类石雕千佛 2013 探沟采：095

6. 通肩类石雕千佛 2013 探沟采：108

彩版五四六　第 12 窟前探沟采集北魏时期通肩类石雕千佛

1. 通肩类石雕千佛 2013 探沟采: 178

2. 通肩类石雕千佛 2013 探沟采: 249

3. 通肩类石雕千佛 2013 探沟采: 280

4. 通肩类石雕千佛 2013 探沟采: 290

5. 通肩类石雕千佛 2013 探沟采: 311（右侧）

6. 通肩类石雕千佛 2013 探沟采: 312

彩版五四七　第 12 窟前探沟采集北魏时期通肩类石雕千佛

1. 通肩类石雕千佛 2013 探沟采: 362

2. 通肩类石雕千佛 2013 探沟采: 364

3. 通肩类石雕千佛 2013 探沟采: 365

4. 通肩类石雕千佛 2013 探沟采: 456

5. 通肩类石雕千佛 2013 探沟采: 457

6. 通肩类石雕千佛 2013 探沟采: 505

彩版五四八　第 12 窟前探沟采集北魏时期通肩类石雕千佛

1. 披遮右肩类石雕千佛 2013 探沟采：050

2. 披遮右肩类石雕千佛 2013 探沟采：075

3. 披遮右肩类石雕千佛 2013 探沟采：325

4. 披遮右肩类石雕千佛 2013 探沟采：419

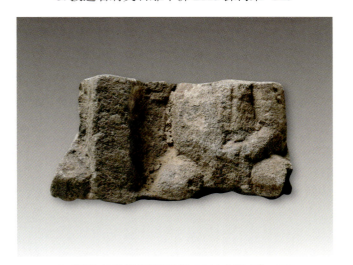

5. 披遮右肩类石雕千佛 2013 探沟采：472

彩版五四九　第 12 窟前探沟采集北魏时期披遮右肩类石雕千佛

1. 石雕千佛头部 2013 探沟采: 039

2. 石雕千佛头部 2013 探沟采: 119

3. 石雕千佛头部 2013 探沟采: 141

4. 石雕千佛头部 2013 探沟采: 213

5. 石雕千佛头部 2013 探沟采: 304

6. 石雕千佛头部 2013 探沟采: 357

彩版五五〇　第 12 窟前探沟采集北魏时期衣纹不明石雕千佛头部

1. 石雕千佛头部 2013 探沟采：407

2. 石雕千佛头部 2013 探沟采：420

3. 石雕千佛头部 2013 探沟采：435

4. 石雕千佛头部 2013 探沟采：440

5. 石雕千佛头部 2013 探沟采：444

6. 石雕千佛头部 2013 探沟采：471

彩版五五一　第 12 窟前探沟采集北魏时期衣纹不明石雕千佛头部

1. 石雕千佛龛楣 2013 探沟采：308

2. 石雕千佛龛楣 2013 探沟采：010

3. 石雕千佛龛楣 2013 探沟采：061

4. 石雕千佛龛楣 2013 探沟采：111

5. 石雕千佛龛楣 2013 探沟采：124

6. 石雕千佛龛楣 2013 探沟采：146+358

彩版五五二　第 12 窟前探沟采集北魏时期衣纹不明石雕千佛龛楣

1. 石雕千佛龛楣 2013 探沟采: 152

2. 石雕千佛龛楣 2013 探沟采: 442

3. 石雕千佛龛楣 2013 探沟采: 470

4. 石雕千佛龛楣 2013 探沟采: 495

5. 石雕千佛龛楣 2013 探沟采: 512

6. 石雕千佛龛楣 2013 探沟采: 518

彩版五五三　第 12 窟前探沟采集北魏时期衣纹不明石雕千佛龛楣

1. 石雕千佛龛柱 2013 探沟采: 032

2. 石雕千佛龛柱 2013 探沟采: 035

3. 石雕千佛龛柱 2013 探沟采: 208

4. 石雕千佛龛柱 2013 探沟采: 250

5. 石雕千佛龛柱 2013 探沟采: 386

6. 石雕千佛龛柱 2013 探沟采: 441

彩版五五四　第 12 窟前探沟采集北魏时期衣纹不明石雕千佛龛柱

1. 衣纹不明石雕千佛 2013 探沟采: 012

2. 衣纹不明石雕千佛 2013 探沟采: 067

3. 衣纹不明石雕千佛 2013 探沟采: 090

4. 衣纹不明石雕千佛 2013 探沟采: 094

5. 衣纹不明石雕千佛 2013 探沟采: 110

6. 衣纹不明石雕千佛 2013 探沟采: 128

彩版五五五　第 12 窟前探沟采集北魏时期衣纹不明石雕千佛

1. 衣纹不明石雕千佛 2013 探沟采：164

2. 衣纹不明石雕千佛 2013 探沟采：180

3. 衣纹不明石雕千佛 2013 探沟采：181

4. 衣纹不明石雕千佛 2013 探沟采：197

5. 衣纹不明石雕千佛 2013 探沟采：247+248

6. 衣纹不明石雕千佛 2013 探沟采：306

彩版五五六　第 12 窟前探沟采集北魏时期衣纹不明石雕千佛

1. 衣纹不明石雕千佛 2013 探沟采: 327

2. 衣纹不明石雕千佛 2013 探沟采: 338

3. 衣纹不明石雕千佛 2013 探沟采: 413

4. 衣纹不明石雕千佛 2013 探沟采: 490

5. 衣纹不明石雕千佛 2013 探沟采: 493

6. 衣纹不明石雕千佛 2013 探沟采: 594

彩版五五七　第 12 窟前探沟采集北魏时期衣纹不明石雕千佛

1. 石雕屋檐 2013 探沟采：092

2. 石雕屋檐 2013 探沟采：114（正面）

3. 石雕屋檐 2013 探沟采：114（底面）

4. 石雕屋檐 2013 探沟采：156（正面）

5. 石雕屋檐 2013 探沟采：156（顶面）

6. 石雕屋檐 2013 探沟采：460

彩版五五八　第 12 窟前探沟采集石雕建筑屋檐

1. 龙头 2013 探沟采：026+027

2. 虎头墩 2013 探沟采：089（顶面）

3. 虎头墩 2013 探沟采：089（前面）

4. 虎头墩 2013 探沟采：089（左侧）

5. 水波纹饰 2013 探沟采：120

6. 龙形局部 2013 探沟采：123

彩版五五九　第 12 窟前探沟采集北魏时期石雕建筑装饰

1. 璎珞 2013 探沟采：104

2. 璎珞 2013 探沟采：256

3. 帷幔 2013 探沟采：154

4. 莲瓣纹 2013 探沟采：287

5. 莲瓣纹 2013 探沟采：458

6. 莲瓣纹 2013 探沟采：486

7. 五铢 1992T404 ③ A：4

彩版五六〇　第 12 窟前探沟采集北魏时期石雕建筑装饰
第 14–20 窟前地层出土隋代铜钱

1.1992T601（由南向北）

2.1992T602（由南向北）

彩版五六一　第 19 窟前辽金时期窟前建筑铺砖地面

1. 辽金 X1 及柱础石 1（1992T602，由南向北）

2. 辽金 X2 及柱础石 2（1992T601，由南向北）

3. 辽金 X3 及柱础石 3
（1992T601 副方，由南向北）

彩版五六二　第 19 窟辽金时期窟前建筑柱穴与柱础石

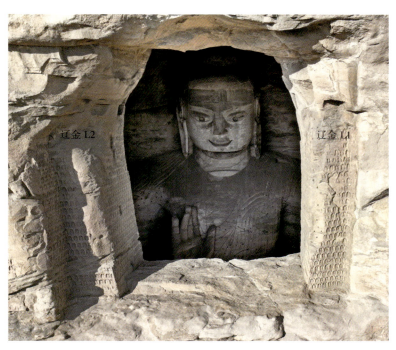

1. 第 19 窟外立壁辽金梁孔

2. 第 20 窟外立壁辽金梁孔

彩版五六三　　第 19、20 窟外立壁辽金时期窟前建筑梁孔

1. 水井井口 1992T301J（由东向西）

2. 水井构造 1992T301J（由南向北）

3. 茶叶末釉带系罐 1992T301J：2

4. 酱釉双耳罐 1992T301J：1

5. 水井内出土瓷器

彩版五六四　第 14～20 窟前辽金时期水井及出土遗物

1.A 型沟纹方砖 1992T519 ①：10

2.A 型沟纹条砖 1992T519 ①：9

3.彩砖斗 1992T410 ② A：23

4.彩砖斗 1992T409 ② A：11

5.A 型板瓦 1992T111 ② A：22

6.Bb 型板瓦 1992T110 ② A：15

彩版五六五　第 14 ～ 20 窟前地层出土辽金时期建筑材料

1.Aa 型檐头板瓦 1992T105 ② A：24

2.Aa 型檐头板瓦 1992T105 ② A：25

3.Ab 型檐头板瓦 1992T101 ①：5

4.Ba 型檐头板瓦 1992T110 ② A：8

5.A 型灰陶筒瓦 1992T111 ② A：26

6.B 型灰陶筒瓦 1992T111 ② A：25

彩版五六六　第 14 ～ 20 窟前地层出土辽金时期建筑材料

1. 黄釉琉璃筒瓦 1992T524 ①：17

2. 黄釉琉璃筒瓦 1992T301 ③ A：12

3. 绿釉琉璃筒瓦 1992T422 ② A：2

4. 绿釉琉璃筒瓦 1992T303 ② A：19

5.Aa 型联珠莲花纹瓦当 1992T101 ①：6

6.Aa 型联珠莲花纹瓦当 1992T101 ③ B：25

彩版五六七　第 14 ～ 20 窟前地层出土辽金时期建筑材料

1. A 型兽面纹瓦当 1992T110 ② A：7

2. A 型兽面纹瓦当 1992T201 ② A：1

3. 灰陶压带条 1992T110 ② A：16

4. 平口条 1992T111 ② A：23

5. 灰陶脊饰 1992T110 ② A：12

6. 绿釉琉璃脊饰 1992T411 ② A：22

彩版五六八　第 14 ～ 20 窟前地层出土辽金时期建筑材料

1.Aa 型卷沿陶盆 1992T105 ② A：35

2.Ac 型卷沿陶盆 1992T111 ② A：30

3.Ba 型卷沿陶盆 1992T522 ①：4

4.Ba 型卷沿陶盆 1992T301 ③ A：13

5.Ba 型卷沿陶盆 1992T101 ①：7

6.Ba 型卷沿陶盆 1992T105 ② A：27

彩版五六九　第 14 ～ 20 窟前地层出土辽金时期卷沿陶盆

1.Ba 型卷沿陶盆 1992T108 ② A：15

2.Ba 型卷沿陶盆 1992T522 ①：5

3.Ba 型卷沿陶盆 1992T511 ③ B：15

4.Bb 型卷沿陶盆 1992T111 ③ D：26

5.Bb 型卷沿陶盆 1992T111 ③ D：28

6.Bb 型卷沿陶盆 1992T110 ② A：17

彩版五七〇　　第 14 ～ 20 窟前地层出土辽金时期卷沿陶盆

1.Bd 型卷沿陶盆 1992T522 ①：6

2.C 型平折沿陶盆 1992T105 ② A：28

3.C 型平折沿陶盆 1992T101 ③ B：5

4.C 型平折沿陶盆 1992T411 ② A：25

5. 陶罐 1992T110 ② A：18

6. 陶罐 1992T409 ② A：9

7. 陶罐 1992T107 ② A：21

8. 陶罐 1992T107 ② A：17

彩版五七一　第 14 ～ 20 窟前地层出土辽金时期陶器

1. 陶罐 1992T401 ④ A：13

2. 陶碗底 1992T303 ② A：23

3. 陶甑底 1992T101 ③ B：11

4. 陶壶 1992T510 ③ A：1

5. 陶香炉底足 1992T108 ①：14

6. 器类不明 1992T519 ①：11

彩版五七二　第 14 ～ 20 窟前地层出土辽金时期陶器

1.Aa 型白釉碗 1992T111 ② A：6

2.Ab 型白釉碗 1992T105 ② A：1

3.B 型白釉碗底 1992T111 ② A：8

4.B 型白釉碗底 1992T524 ①：3

5.B 型白釉碗底 1992T105 ② A：10

6.白釉盘 1992T105 ② A：4

彩版五七三　第 14 ～ 20 窟前地层出土辽金时期白釉瓷器

1. 白釉罐 1992T107 ② A：14

2. 白釉褐彩碗底 1992T524 ①：24

3. 白釉褐彩罐 1992T108 ①：9

4. 茶叶末釉碗 1992T110 ①：40

5. 茶叶末釉罐 1992T301 ② A：4

6. 茶叶末釉罐 1992T408 ①：2

7. 复色釉罐 1992T424 ② A：6

8. 酱釉瓶 1992T111 ③ D：24

彩版五七四　第 14 ～ 20 窟前地层出土辽金时期瓷器

1. 黑釉碗 1992T303 ①: 15

2. 黑釉碗底 1992T409 ①: 2

3. 黑釉罐 1992T110 ①: 3

4. 黑釉罐 1992T110 ①: 7

5. 瓦条 1992 窟前采: 1146

6. 琉璃脊饰 1992 窟前采: 1147

彩版五七五　第 14 ～ 20 窟前地层出土、采集辽金时期遗物

1.H3 出土元代钧瓷碗 1992T420 ② A：1

2.H3 出土明代黑釉罐残片 1992T420 ①：2

3.H3 出土明代青花碗 1992T420 ② A：2

4.H5 ～ H7（1992T418，由北向南）

彩版五七六　第 14 ～ 20 窟前明清时期灰坑及出土瓷器

1. 白釉盏 1992T418 ② A：33

2. 白釉褐彩碗 1992T418 ② A：18

3. 白釉褐彩碗 1992T418 ② A：19

4. 白釉褐彩盘 1992T418 ② A：20

5. 黑釉盏 1992T418 ② A：21

6. 黑釉瓶 1992T418 ② A：24

彩版五七七　第 14 ～ 20 窟前明清时期灰坑 H7 出土明清时期瓷器

1. 青花碗 1992T418 ② A：27

2. 青花碗 1992T418 ② A：28

3. 青花碗底 1992T418 ② A：32

4. 青花碗底 1992T418 ② A：31

5. 青花碗底 1992T418 ② A：29

6. 青花碗底 1992T418 ② A：30

彩版五七八　第 14 ～ 20 窟前明清时期灰坑 H7 出土明清时期青花瓷器

1.H10（1992T414，由南向北）

2.H11（1992T514，由南向北）

3.Ba 型卷沿陶盆 1992T513②A：17

4.Ba 型卷沿陶盆 1992T513②A：21

彩版五七九　第 14 ～ 20 窟前明清时期灰坑 H10、H11 及出土辽金时期陶器

1.Ba 型卷沿陶盆 1992T514 ② A：4

2.B 型白釉褐彩碗口沿 1992T513 ② A：5

3.A 型白釉褐彩碗底 1992T513 ② A：4

4.B 型白釉褐彩碗底 1992T513 ② A：3

5.H13（1992T512，由南向北）

彩版五八〇　第 14 ～ 20 窟前明清时期灰坑 H11 出土遗物及 H13

1.Bd 型卷沿陶盆 1992T512 ①：4

2.A 型白釉褐彩碗底 1992T512 ①：1

3. 青花杯 1992T512 ①：2

4.B 型白釉碗 1992T412 ② A：1

5. 铁凿头 1992T412 ② A：6

6.H12、H15（1992T412，由南向北）

彩版五八一　第 14 ～ 20 窟前明清时期灰坑及出土遗物

1. 灰陶檐头板瓦 1992T104 ② A：11

2. 灰陶檐头板瓦 1992T201 ② A：3

3. 孔雀蓝釉龙纹琉璃檐头板瓦 1992T409 ①：4

4. 孔雀蓝釉龙纹琉璃檐头板瓦 1992T421 ①：2

5. 蓝釉琉璃筒瓦 1992T514 ①：2

6. 蓝釉琉璃筒瓦 1992T409 ①：5

彩版五八二　第 14 ～ 20 窟前地层出土明清时期檐头板瓦、筒瓦

1. 联珠纹瓦当 1992T303 ② A：20

2. 兽面纹瓦当 1992T107 ② A：15

3. 莲花纹瓦当 1992T201 ② A：2

4. 莲花纹瓦当 1992T409 ② A：5

5. 孔雀蓝釉琉璃瓦当 1992T410 ② A：12

6. 孔雀蓝釉琉璃瓦当 1992T410 ② A：13

彩版五八三　第 14 ～ 20 窟前地层出土明清时期檐头筒瓦

1.1992T110①:49

2.1992T109②A:5

3.1992T302②A:1

4.1992T104②A:17

5.1992T409②A:2

6.1992T409②A:3

彩版五八四　第14～20窟前地层出土明清时期灰陶脊饰

1. 绿釉琉璃脊饰 1992T104 ② A：19

2. 孔雀蓝釉琉璃脊饰 1992T410 ② A：11

3. 蓝釉琉璃脊饰 1992T410 ② A：14

4. 蓝釉琉璃脊饰 1992T410 ② A：15

5. 蓝釉琉璃脊饰 1992T410 ② A：16

6. 蓝釉琉璃脊饰 1992T409 ② A：7

彩版五八五　第 14 ～ 20 窟前地层出土明清时期琉璃脊饰

1. 泥塑残块 1992T408 ①：9～13

2. 泥塑残块 1992T410 ② A：25～30

3. 泥塑残块 1992T508 ② A：5～11

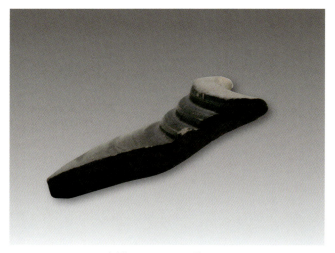

4. 陶罐 1992T101 ② A：11

5. 器座 1992T101 ② A：13

6. 陶轮 1992T101 ② A：9

彩版五八六　第 14～20 窟前地层出土明清时期泥塑残块与陶器

1. 陶陀 1992T104 ② A：16

2. 灰陶人头 1992T104 ② A：10

3. 红陶人头 1992T104 ② A：14

4. 红陶人头 1992T110 ② A：13

5. 红陶人 1992T104 ② A：9

6. 红陶象足 1992T105 ② A：26

彩版五八七　第 14 ～ 20 窟前地层出土明清时期陶器

1. 琉璃器耳 1992T104 ② A：13

2. 琉璃香炉 1992T411 ② A：20

3.Aa 型白釉碗 1992T104 ①：2

4.Aa 型白釉碗 1992T111 ② A：14

5.Ab 型白釉碗 1992T520 ①：2

6.B 型白釉碗 1992T111 ② A：5

彩版五八八　第 14 ～ 20 窟前地层出土明清时期琉璃器、白釉碗

1.A 型白釉碗底 1992T110 ①: 16

2.A 型白釉碗底 1992T110 ①: 19

3.A 型白釉碗底 1992T303 ①: 4

4.C 型白釉碗底 1992T521 ①: 7

5. 白釉盏 1992T524 ①: 5

6. 白釉器盖 1992T107 ①: 1

彩版五八九　第 14 ～ 20 窟前地层出土明清时期白釉瓷器

1.Aa 型白釉褐彩碗 1992T513 ①：1

2.Aa 型白釉褐彩碗 1992T519 ①：4

3.Ab 型白釉褐彩碗 1992T110 ①：21

4.Ab 型白釉褐彩碗 1992T108 ①：13

5.B 型白釉褐彩碗 1992T303 ①：6

6.B 型白釉褐彩碗 1992T108 ①：1

彩版五九〇　第 14 ～ 20 窟前地层出土明清时期白釉褐彩碗

1. 白釉褐彩碗腹片 1992T109 ② A：1

2. A 型白釉褐彩碗底 1992T111 ② A：10

3. A 型白釉褐彩碗底 1992T108 ② A：8

4. A 型白釉褐彩碗底 1992T108 ② A：5

5. 复色釉碗 1992T501 ①：3

6. 黑釉碗 1992T107 ② A：8

1. 青花碗 1992T106 ② A：2

2. 青花碗 1992T411 ② A：11

3. 青花碗 1992T524 ①：12

4. 青花碗 1992T519 ①：7

5. 青花碗 1992T412 ② A：4

6. 青花碗 1992T511 ①：9

7. 青花碗 1992T110 ①：35

彩版五九二　第 14 ～ 20 窟前地层出土明清时期青花瓷碗

1. 青花碗 1992T107 ① : 4

2. 青花碗底 1992T111 ② A : 16

3. 青花盘 1992T424 ② A : 7

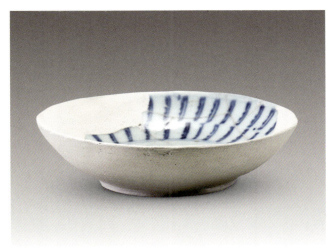

4. 青花盘 1992T520 ① : 3

5. 青花盘底 1992T110 ① : 42

6. 铁锁 1992T512 ① : 3

彩版五九三　第 14 ～ 20 窟前地层出土明清时期遗物

1. 玛瑙环 1992T424 ①：1

2. 石砚台 1992T110 ①：51

3. 石球 1992T104 ② A：15

4. 不明石器 1992T110 ② A：14

5. 黄红胎筒瓦 1992 窟前采：1141

6. 兽面纹瓦当 1992 窟前采：1138

7. 灰陶脊饰 1992 窟前采：1136

彩版五九四　第 14 ～ 20 窟前地层出土、采集明清时期遗物

1. 灰陶脊饰 1992 窟前采: 1154

2. 灰陶脊饰 1992 窟前采: 1155

3. 灰陶脊饰 1992 窟前采: 1156

4. 绿釉琉璃脊饰 1992 窟前采: 1149

5. 绿釉琉璃脊饰 1992 窟前采: 1150

6. 绿釉琉璃脊饰 1992 窟前采: 1194

彩版五九五　第 14 ～ 20 窟前采集明清时期脊饰

1. 灰陶人 1991 窟前采：20

2.Aa 型白釉碗 1992 窟前采：1191

3.B 型白釉碗 1992 窟前采：1187

4. 白釉盏 1992 窟前采：1179

5. 白釉盏 1991 窟前采：02

6.Ab 型白釉褐彩碗 1992 窟前采：1180

彩版五九六　第 14 ～ 20 窟前采集明清时期生活用具

1. 茶叶末釉罐 1992 窟前采: 1174

2. 黑釉壶 1992 窟前采: 1177

3. 黑釉瓶 1992 窟前采: 1178

4. 黑釉罐 1992 窟前采: 1172

5. 青花碗底 1991 窟前采: 10

6. 青花盘 1992 窟前采: 1182

彩版五九七　第 14 ～ 20 窟前采集明清时期瓷器

1. 北魏石雕造像不明采: 23

2. 北魏石雕造像不明采: 24

3. 北魏石雕造像不明采: 25

4. 北魏石器不明采: 26

5. 辽金琉璃脊瓦不明采: 15

6. 明清茶叶末釉筒瓦不明采: 1

7. 明清琉璃脊饰不明采: 2

8. 明清琉璃脊饰不明采: 3

彩版五九八　历年采集古代遗物

1. 明清琉璃脊饰不明采: 4

2. 明清瓦当不明采: 5

3. 明清木雕饰件不明采: 6

4. 明清白釉碗不明采: 7

5. 明清白釉盏不明采: 9

6. 明清青花盘不明采: 11

7. 明清黑釉盏不明采: 10

8. 明清石器不明采: 13

彩版五九九　历年采集古代遗物

1. 马髋骨（髋臼）1993T401 ③：10

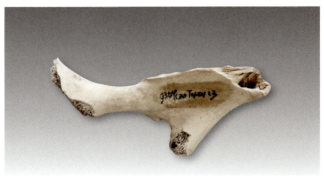

2. 马髋臼残块 1993T401 ③：10

3. 马右下颌嚼面 1993T401 ③：14

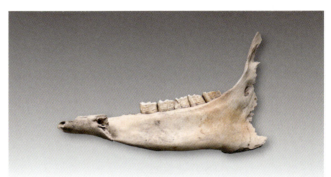

4. 马右下颌舌侧 1993T401 ③：14

5. 马右下颌颊侧 1993T401 ③：15

6. 马右下颌嚼面 1993T401 ③：15

7. 马右下颌舌侧 1993T401 ③：15

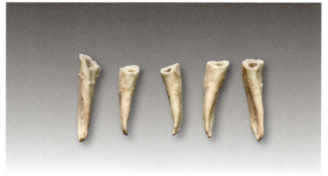

8. 马门齿 1993T401 ②：2

彩版六○○　云冈石窟第 3 窟出土动物骨骼

2. 羊枢椎 1993T401 ③：7

3. 羊上颌 1993T401 ③：12

4. 狗右下颌颊侧 1993T401 ③：1 + 2

5. 狗右下颌舌侧 1993T401 ③：1 + 2

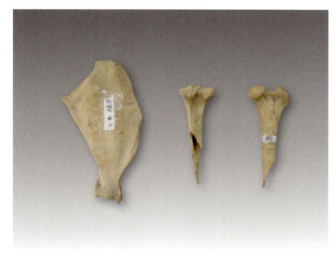

5. 狗骨 1993G1 ⑤ A：1 ～ 3

6. 狗骨 1993G1 ⑤ A：1 ～ 3

彩版六〇一 云冈石窟第 3 窟出土动物骨骼

1. 猪头骨顶面 1993T401 ③：16

2. 猪头骨 1993T401 ③：16

3. 牛桡骨下端 1993T401 ⑤ A：3

4. 动物骨骼上的人工切割痕（1993T401 ③：1）

5. 动物骨骼上的人工切割痕（1993T401 ③：15）

6. 动物骨骼上的人工切割痕（1993T401 ③：14）

彩版六〇二　云冈石窟第 3 窟出土动物骨骼